KB193591

보고서
검토 전략

보고서 검토 전략

리더와 실무자를 위한
최적의 보고서 검토와 피드백 기술

박혁종

AI 보고서를
인간이 검토하는 방법

plan b
DESIGN

차례

3 미시적 보고서 검토 '메시지, 논리, 표현'을 중심으로

4 보고서 피드백

2010년 무렵 '1만 시간의 법칙'이라는 말이 유행했습니다.
이 용어는 맬컴 글래드웰(Malcolm Gladwell)의 저서
〈아웃라이어(Outliers)〉를 통해
우리나라에서도 크게 화제가 되었습니다.
'1만 시간의 법칙'은 미국의 심리학자
앤더스 에릭슨(K. Anders Ericsson)의 1993년 연구가 시초였습니다.
세계적인 바이올린 연주자와 아마추어 연주자 간 실력 차이는
대부분 연주 시간에서 비롯된 것이며,
우수한 집단은 연습 시간이 1만 시간 이상이었다는
연구 결과에서 정립된 내용입니다.

2016년 즈음에는 'GRIT(그릿)'이라는 말도
기업에서 회자되었습니다.
'Grit'은 미국의 심리학자인 앤젤라 더크워스(Angela Duckworth)가
개념화한 용어로, 성공과 성취를 끌어내는 데 결정적 역할을 하는
'투지' 또는 '용기'를 말합니다.
성공을 위해서 재능도 필요하지만 노력도 못지않게 중요하다는 것을
강조하는 개념입니다.

우리는 '1만 시간의 법칙'과 'Grit'이라는 두 단어를
단순하게 이해해서,
'열심히 많이 하면 전문가가 될 수 있다'고 오해합니다.
농업적 근면성처럼 양과 시간으로 승부하려는 전략입니다.

'1만 시간의 법칙'을 처음 강조했던 에릭슨 교수는
이러한 오해를 바로잡고자
노력의 대전제로 'Deliberate Practice(사려깊은 연습)'를
추가로 강조했습니다.
이는 무엇을 놓치고 있는지, 어떤 점을 보강해야 하는지
꾸준히 파악하는 것은 기본 대전제이며
자신의 단점을 보완하기 위한 '의도적 노력'이
병행되어야 한다는 의미입니다.
여기에 건설적이고 때로는 신랄한 피드백을 주는
코치나 멘토의 지도를 받으면 객관적인 노력을 할 수 있게 되어
의미 있는 성장을 돕게 됩니다.

정리해 보면
성장은 '시간'과 '끈기'와 '신랄한 점검'과 '성찰'의
선순환이라고 볼 수 있습니다.

보고서도 마찬가지입니다.

십수 년간 보고서를 작성했어도,

보고서를 붙잡고 밤을 새는 노력을 했어도

좋은 보고서가 나오지 않는 이유가 있습니다.

정석을 모른 채 열심히만 썼고,

성찰하지 못하고 쓰기만 했기 때문입니다.

보고서 작업에도 'Deliberate Practice'가 필요합니다.

우리는 보고서를 객관적으로 바라보는 방법을 잘 모릅니다.

아무 전략과 방향 없이 보고서를 검토합니다.

'무사유(Thoughtlessness)' 상태로 보고서를 들여다보니

무엇을 개선해야 할지 몰라 막막합니다.

리더는 보고서를 볼 줄 알아야 합니다.

보고서를 볼 줄 알아야 정확하게 검토하고

확실한 개선점을 짚어줄 수 있습니다.

눈에 보이는 작은 흠결에 집착하지 않게 되고

대승적이고 거시적이어서 반박할 수 없는

피드백을 할 수 있습니다.

그래서 보고서의 질적인 완성도를 유지하면서도

어제보다 나은 보고서를 쓰도록 유도할 수 있습니다.

실무자 또한 보고서를 볼 줄 알아야 합니다.
그래야 자기 점검(Self Check)을 할 수 있어서
보고서의 퀄리티를 스스로 높일 수 있고
자신의 보고서에 대한 의미 있는 성찰도 가능합니다.
또한 실무자가 보고서를 볼 줄 알면
리더의 피드백을 올바로 이해할 수 있기 때문에
보고서의 오류나 실수를 객관적으로 수용할 수 있습니다.
그래서 어제보다 나은 보고서를 쓸 수 있게 됩니다.

하지만 안타깝게도
보고서를 검토하는 방법을 누가 가르쳐 주지 않았습니다.
그러다 보니 리더는 느낌과 기분대로
보고서를 검토하고 피드백했으며,
실무자는 자기 기준에 맞게만 보고서를 작성했습니다.

이러한 악순환을 끊어야 합니다.
그러려면 우리는 보고서를 검토하는 방법부터
명확하게 알아야 합니다.

이 책은 제가 10년 넘게 1,500회 이상 진행했던 보고서 강의에서
만났던 리더와 실무자들이 가진 고충과 실제 현상을 바탕으로
정리했습니다.

우리가 자주 놓치는 보고서의 헛점들을 정리해 보면
'메시지', '논리', '표현'의 세 가지 영역으로 구분됩니다.
세 가지 영역마다 무엇을 유의하여 검토해야 하는지
사례를 담았으며,
책의 후반에는 어떻게 피드백해야 하는지 소개합니다.

이 책을 읽는 당신이
리더라면 실무자의 실제 보고서에 책의 내용을 대입하면서
활용하기를 바라며,
실무자라면 자신의 보고서를 스스로 성찰하는 체크리스트로
활용하기를 바랍니다.

나쁜 보고서로 인한 직장인들의 고충을
이 책으로 인해 조금이나마 덜 수 있으면 좋겠습니다.

제 인생의 동반자 임지은, 나의 미래인 두 아들 지혁이와 은혁이,
저를 항상 아껴주시는 양가 부모님과 가족들,

그리고 지금은 하늘나라에서 저를 지켜주시는 사랑하는 아버지께
이 책을 바칩니다.

— 1 —

보고서를 대하는 마음가짐

잘 쓰는 능력 +
잘 검토하는 능력

다년간 기업 강의를 하면서 만난 실무자나 리더들 중
'보고서를 제대로 검토할 줄 아는 분'이 드물었습니다.

대부분은 선배나 동료를 통해 어깨너머 배운 방법을 차용하면서
보고서를 그럭저럭 작성하긴 합니다.
그러나 작성된 보고서를 검토하며 무엇을 수정하고 보완해야 하는지
정확히 짚어내는 분은 흔치 않습니다.

'쓰는 것'은 개인의 주관적인 행위이지만
'검토하는 것'은 공개, 교류, 유통을 전제로 하는 객관적 행위입니다.

타인과 대중에게 공표되고 유통되는 상태를 가정하면서

이 보고서가 가지는 취약점을 정확하게 파악하는 능력이야말로

보고서의 질(Quality)을 담보하는 '백미'라 할 수 있습니다.

따라서 우리는 보고서를

잘 쓸 줄도 알아야 하는 것처럼 잘 볼 줄도 알아야 합니다.

'쓰는 것', '보는 것'을 둘 다 잘 해야 합니다.

보고서를 볼 줄 아는 능력이 왜 중요한지 아래의 표로 정리해

보았습니다.

	실무자는	리더는
보고서를 검토할 줄 모르면	의식의 흐름대로 작성함 (무전략, 무논리)	작성된 보고서에 현혹됨 (껍데기만 점검, 중간관리자로서의 제언 불가)
	겉보기에 집착함 (디자인, 데코에 집중)	작고 의미없는 피드백으로 일관함 (편협한 관점, 자신의 호불호에 집착)
보고서를 검토할 줄 알면	쓰면서 스스로 점검함 (쓰는 과정에서 더 좋은 보고서를 지향함)	대승적이고 핵심 위주로 검토함 (중요한 포인트를 중점으로 확인)
	생성형 AI를 더 잘 활용함 (정확하게 시시하고 조안을 잘 승화시킴)	가짜와 진짜를 판별해냄 (단순 생성된 보고서를 판독할 수 있음)
	리더의 의중을 잘 간파함 (주안점과 방향을 보고서에 녹이는 방법을 처음부터 구사함)	처음부터 전략적으로 지시함 (핵심이 무엇인지 더 많이 강조함)
	자신의 오류를 인지하면 더 많이 학습하고 성찰함 (한번의 실수가 반복되지 않음)	'수정' 보다는 '교정'을 요청함 (표면이 아닌 내용의 개선술 제시함)

위 표의 내용 중 일부를 추가 설명해보겠습니다.

실무자가 보고서를 제대로 검토할 줄 모르면
질적 완성도(Quality)를 놓치고
분량(Quantity)으로 승부하려 합니다.

무엇이 좋은지 모르니 혼란스러운 상태에서
마구잡이로 보고서를 양산하게 됩니다.
당연히 최종 결재도 못 받으니 보고서를 썼어도 쓴 게 아닙니다.

원래 볼 줄 아는 사람이 쓰는 것도 잘합니다
예를 들어 보고서 작성이 핵심 스킬인 컨설턴트들도
처음부터 100점짜리 보고서를 만들어 내지 못합니다.
처음에는 70점짜리 미완성 보고서를 만들었다가
서서히 점수를 높여갑니다.
부족한 30점을 찾아내고 수정하는 능력이 있어야만
만점에 가까운 보고서를 작성할 수 있습니다.

쓰는 능력도 중요하지만
올바로 검토하는 능력이 뒷받침되어야 보고서가 완결됩니다.

최근에 생성형 AI를 활용하여 보고서를 작성하는 분들도
많아졌습니다.

생성형 AI가 괄목할 만한 발달을 이룬 것은 사실이지만
아직은 보고서를 완벽하게 작성하지 못합니다.
보고서의 초안을 어느 정도 잡아줄 수는 있지만
그 이상은 해내지 못합니다.
해당 사안의 특별함과 조직의 맥락적인 요소들이 가미되어야
보고서가 완성될 수 있으므로
실무자의 검토 작업과 추가 보완이 반드시 이어져야 합니다.
그래서 **생성형 AI를 활용하여 보고서를 작성할 때는**
보고서를 검토하는 능력이 더욱 필요합니다.

리더가 보고서를 제대로 검토할 줄 모르면
효과적이고 건설적인 피드백을 할 수 없습니다.

겉으로 드러나는 자잘한 실수에 집중하고
정작 중요한 전략적인 방향 오류나 실행 계획의 미비점을
인지하지 못한다면 이는 제대로 된 보고서 검토가 아닙니다.

중요한 포인트를 짚지 못하고
작은 실수만 쥐 잡듯이 잡는 사소한 피드백은
전형적인 꼰대형 리더의 모습입니다.

리더의 좋은 보고서 피드백은

'교정'이 아니고 '수정'을 유도하는 것이어야 합니다.

'교정'이 잘못된 것을 고치는 것이라면

'수정'은 오류를 개선하고 더 나은 내용을 위해

변경하고 추가하는 작업을 포함합니다.

그래서 **탁월한 리더는 기본적으로 보고서 검토 능력이 뛰어납니다.**

실무자의 보고서를 거시적으로 보면서

정곡을 꿰뚫으며 더 나은 성과를 위한 보완점을 제시하는 것에

능한 리더가 되어야 합니다.

리더가 보고서를 검토할 줄 모르면

작은 팩트에 현혹될 수 있습니다.

눈에 보이는 것만 평가하게 되어, 그럴듯하게 포장되어 있으면

중요한 내용이 빠져 있어도 이를 알아채지 못합니다.

작은 팩트에 현혹되면

더 거시적이고 지속 가능할 수 있는 전략이 있음에도,

일시적인 미봉책으로 작성된 보고서를 방치하게 됩니다.

탄탄하고 일사불란한 논리 전개가 가능한데도
허술하게 엉기고 성긴 나열형 논리의 보고서를 그대로 두게 됩니다.

이처럼,
쓸 줄 아는 능력, 볼 줄 아는 능력은
'보고서를 작성하는 실무진'이나 '보고서를 결재하는 리더'
모두에게 필수적이며,
높은 역량 수준이 요구됩니다.

또한 이 두 가지 능력은 동전의 양면처럼 함께 존재합니다.
쓰는 능력과 보는 능력은 서로 비례하여 동반 상승하거나
동반 하락합니다.
잘 쓰는 사람이 잘 보고, 잘 보는 사람이 잘 씁니다.
못 쓰는 사람이 못 보고, 못 보는 사람이 못 씁니다.

보고서 검토의 본질은
'명확함'과 '방점'

보고서를 작성하고 검토하는 입장에서 꼭 유념해야 하는

핵심 개념은 두 가지입니다.

첫째, 보고서는 커뮤니케이션의 수단입니다.

말로 하면 되는 것을 글로 적어내고 다듬는 이유가 있는 겁니다.

보고서는 단순 기록물을 넘어

일의 처음, 중간, 끝에서 나오는 소통과 실행 아이템입니다.

시작이 명확하지 않으면 과정이 흔들리고

결과도 예상할 수 없습니다.

과정이 명확하지 않으면 원래 계획대로 진행되는지 알 수 없습니다.

결과가 명확하지 않으면 업무가 종결되지 못하고
성과로 인정받지 못합니다.
보고서는 일의 시작부터 종료까지 명확함을 확인하는 수단입니다.

결국, 보고서의 본질은
업무의 '명확함'을 만들어 내는 것입니다.

둘째, 보고서는 일하는 방식과 소통의 문화를 대변합니다.
보고서를 통해 무형의 생각이 유형의 모습으로 되어 구체화됩니다.
일하는 과정에서 실무자가 생각하는 폭과 깊이,
리더가 결정하는 기준과 우선순위 등이 보고서에 기록되는 겁니다.
실무진과 리더가 일하는 전 과정(End to End)에서
어떤 점을 중요하게 생각하는지
보고서를 통해 상호 확인하고 지속 점검할 수 있습니다.

보고서는 실무자와 의사 결정자들이 일하는 과정에서
원가 절감, 수익성과 매출 확대 중 어떤 점을 우선시할지,
진취적 실행과 리스크 헷지, 갈등 최소화 중 어떤 점을 중요시할지
신규 기술 확보와 기존 기술의 고도화 중 어느 것에
포커스를 둘 것인지 결정하는 것입니다.

결국, 보고서의 본질은 업무에 '방점'을 찍는 작업입니다.

('방점'은 훈민정음에서 글자 왼쪽에 찍은 점으로,

글자의 의미를 더욱 분명하게 하는 표기 방식입니다.

'방점을 찍는다'는 것은 업무의 중요한 영역을 강조하고 상호 확인하는 행위로

볼 수 있습니다.)

정리해 보면

보고서는 업무의 명확함을 만들어 내고, 방점을 찍는 작업입니다.

이는 예쁜 보고서가 아닌

신속하고 정확한 보고서가 필요한 이유이기도 합니다.

따라서 우리가 보고서를 검토할 때에는

'그럴듯한가', '예쁘게 디자인되어 있는가'를 보는 것보다

누구나 쉽게 확인할 수 있도록 명확한지,

사전에 합의된 중요한 방향이 잘 강조되어 있는지를

중점으로 검토하고 개선해야 합니다.

하지만 우리는 보고서를 검토할 때

'명확함'과 '방점'에 집중하지 못하는 경우가 많습니다.

눈에 보이는 작은 결점에 집중하다 보니

메시지의 결함, 논리의 비약, 전달의 오류 같은 큰 결점을

잘 짚어내지 못합니다.

'명확함'과 '방점'을 검토하라는 것은
대세에 지장이 없는 작은 것을 놓쳐도 된다는 뜻은 아닙니다.

위 그림처럼,
보고서의 표면적 영역과 내면적 영역을 같이 검토해야 하면서도
'명확함'과 '방점'이 부실하지 않은지 더 우선하여
점검해야 한다는 겁니다.

사소한 실수가 있는 보고서가 'Bad'라면
논점이 흐리고 중요 메시지가 보이지 않는 보고서는 'Worst'입니다.

'성과 동맹' 관계

보고서를 쓰는 행위는 실무자가 하는 것이고

다 쓴 보고서를 검토하는 행위는 리더의 몫이라 생각하며

역할을 구분하려는 직장인들이 많이 있습니다.

물론 외관상으로 보면 맞는 말입니다.

작은 과제나 루틴한 업무라면

이렇게 작성자와 결재자를 구분해도 문제 없습니다.

그러나 크고 복잡하며 생소한 과제이거나

변수와 이해당사자가 많은 과제라면

작성자와 결재자를 따로 떼어놓고 보는 이분법적 방식은

위험합니다.

보고서는 리더와 실무자가 함께 쓰는 것입니다.

정확히는 '함께 책임지는 것'입니다.

리더가 직접 실무자를 옆에 끼고 같이 써주라는 말이 아닙니다.

중요한 보고서라면 작성의 전 과정에

'관심'을 가져야 한다는 말입니다.

리더와 실무자는 보고서에 대해 '함께 책임지는 동맹 관계'입니다.

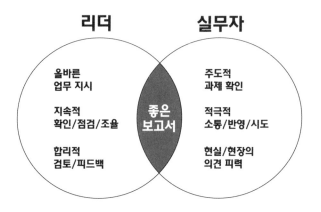

리더는

'보고서 점검자'가 아니고 '성과 책임자'임을 가슴에 새기고

보고서 작업에 적극 동참해야 합니다.

대충 지시하면서

실무자가 알아서 눈치껏 잘 쓰길 바라고

조마조마 의심하면서 기다렸다가
결과물이 나오면 이때다 싶어 작은 실수를 쥐 잡듯이 잡으면
안 됩니다.

실무자가 보고서 작성 과제를 정확히 이해하도록 돕고,
그 과정에서 접근 방향과 집중해야 하는 메시지를 정하는 것도,
보고서에 대해 수정을 요청하고 개선 피드백을 제공하는 것도
리더의 역할입니다.

실무자는

리더와 공존하면서 보고서를 함께 작성해야 함을 명심해야 합니다.
자신이 기록하고 정돈하더라도,
이는 나만의 의견이 아닌 팀과 조직의 의견을 담아내는 작업입니다.
그러므로 보고서 작성의 처음과 끝까지 리더와 항상 논의하고,
필요하면 리더를 설득하는 소통이 필요합니다.
리더가 알려주지 않는다고 가만히 기다리거나
혼자만의 동굴로 들어가는 것이 아니라,
상호 확인하면서 해답을 찾아가는 것입니다.

업무 상황에서 '서프라이즈'를 좋아하는 리더는 없을 겁니다.
기념일 선물은 서프라이즈가 있어서 좋지만

보고서가 서프라이즈라면 90% 확률로
궤도에서 벗어난 상태일 겁니다.

우리의 업무는 과정이 공유되어야 통제가 되고 개선이 됩니다.
보고서도 마찬가지입니다.
보고서가 작성되는 과정에서 리더가 방향과 상황을 알 수 있도록
계속 소통해야 합니다.
이렇게 해야 작성 소요시간이 더 줄어들고 효율이 생깁니다.

그러므로 리더도 실무자에게 자주 이렇게 말해주어야 합니다.
"혼자 동굴 속으로 들어가서 보고서를 쓰지 말 것."
"애매하면 확인하고, 여러 갈래 길이 나오면 확인하고 가줄 것."

종합해 보면,
'생각은 리더와 함께하는 것이고, 직접 쓰는 것은 실무자'라고
정리할 수 있겠습니다.
보고서가 작성되는 과정에 '성과 동맹의 파트너십'이 필요합니다.

불필요한 문서 작업 최소화, 보고서 만능주의 금지!

이번 장은 작성하는 실무자보다는 검토하는 리더에게 전하는 내용입니다.

보고서 작업은 '일'입니다.

실무자에게는 분석과 작성의 '일'이고,

리더에게는 검토와 결재의 '일'이니

보고서 작업에는 시간과 노력이 듭니다.

'효율'이란 들어가는 품은 줄이고 나오는 성과를 높이는 것입니다.

업무 효율을 추구하려면 '일'을 줄이는 것이 필요합니다.

따라서 우리가 작업의 효율을 추구하려면 보고서를 줄여야 합니다.

리더는 보고서를 검토하는 능력뿐만 아니라

보고서 작업 자체를 줄이는 노력과 의지가 필요합니다.

써야 할 보고서를 쓰지 않는 것이 아니라,

쓰지 말아야 할 보고서를 애초에 없애자는 것입니다.

보고서는 쓰는 것이 목적이 아닙니다.

성과의 과정을 설계하고 소통하고 점검하는 것이

보고서 작성의 목적입니다.

이 사실을 생각한다면

무의미한 보고서를 요구하고 강조하는 리더야말로

실무자들에게는 '빌런'입니다.

"일단 써 와"라는 마인드를 가진 리더가 최악입니다.

직장인들이 공감하는 말 중에

"결국 적은 내부에 있었다"는 말이 괜히 있는 것이 아닙니다.

일명 'Gen Z'라고 일컬어지는 젊은 세대들이

'회사 생활 중 납득하고 이해하지 못하겠다고 토로하는 것'중

꾸준히 1위를 차지하는 것이 있습니다.

바로 '일을 위한 일', '회의를 위한 회의' 같이

무의미한 형식적 업무입니다.

의미 없는 보고서 작업은 없애거나, 줄이거나,

작성하기 쉽게 만들어야 합니다.

그래야만 실무자도 리더도 보고서 지옥에서 벗어날 수 있습니다.

의미 없는 보고서에 시달리는 사람에게

좋은 보고서를 기대하는 것은 말이 안 됩니다.

숨통이 트이고 머리가 맑아야

지금 하는 업무에 애착이 가는 법입니다.

매일 무의미한 보고서에 파묻혀 살다 보면

보고서 자체에 정이 떨어지기 마련입니다.

그러니 좋은 보고서를 만들어 보고 싶은 욕심이 생기지 않습니다.

따라서 리더는 자동화하거나 정례화할 수 있는 보고서를 찾아내어

이를 최대한 없애고 단순화시켜야 합니다.

보고서를 정례화시키고 단순하게 만든다는 것은

'서류화'를 의미합니다.

'보고서'와 '서류'는 약간 다릅니다.

서류는 양식이 있어서 채우면 되므로 작성이 쉽고,

실무자에게 불필요한 창작의 고통을 줄여 줍니다.

팩트와 단순 수치 중심의 일상 보고는 '기록'과 '확인'이 목적이므로 '서류화'시켜야 실무진의 에너지와 시간을 절약할 수 있습니다.

이것이 바로 리더의 '프로세스 구축'입니다.

(꼭 양식이 아니어도 슬랙이나 노션 같은 공유/소통 도구에 항목을 만들어 기록하게 하는 것도 '서류화'의 일종입니다.)

'서류'와는 달리 '보고서'는

'분석', '방향', '계획', '성찰' 등

부가가치가 높은 메시지 영역을 다룹니다.

따라서 아래 유형의 과제 상황에서만

보고서 작성을 요구하는 것이 효율적입니다.

시작	신기술 도입, 신제품, 신규 사업, 신규 마련 등 **새롭게 발굴하고 추진**시킬 때
회복	문제가 있거나 개선이 필요한 사항을 **정상화**시킬 때
효율화	기존 제품/서비스/프로세스 등의 **생산성, 효율성, 효과성을 높일** 때
지속 실행	기존 업무를 **유지/보강**을 시도하면서 **실행**할 때

새로운 무언가를 출시, 구축, 시작하거나,

문제나 미흡한 상황을 복구, 개선하거나,

(문제가 없었더라도) 좀 더 나은 효율을 추구하거나,

기존의 업무를 유지하면서도 보강하여 실행하는 상황에서는

보고서가 꼭 필요합니다.

이러한 과제에는 큰 자원이 투입되므로

리더와 실무자가 함께 성과의 과정을 계획하고 준비하며

성찰하는 것이 필요합니다.

이때에만 보고서가 빛을 발합니다.

이것이 바로 'Real Work'입니다.

업무 소통에서 무조건 쓰고 종이로 출력하는 것이 능사가 아닙니다.

단순 업무는 '양식(Form)'을 만들어

프로세스가 자동으로 돌아가도록 하고,

조직 차원의 자원 투입과 파급 효과가 있는 과제인 경우에만

보고서를 작성하는 것이 합리적입니다.

그래야 보고를 위한 보고서가 아니게 됩니다.

이 보고서가 왜 필요한 건지도 모르겠고

열심히 작성해 봤자 제대로 검토도 받지 못하는 상황이 반복되면

실무자들은 좌절하고 포기합니다.

이른바 '보고서 무용론'에 빠지는 겁니다.

성과에 기여할 수 있는 가치 있는 보고서를 작성할 때

실무자들은 흥이 나며 더 많은 관심과 노력을 기울이게 됩니다.

좋은 보고서를 만들 수 있는 기본 토양을 위해서

먼저 보고서 만능주의부터 탈피해야 합니다.

합리적인 업무 관행이 바탕이 되어야 보고서가 빛을 발하는 겁니다.

로켓사이언스가 아님!
'마이크로매니징' 금지

이번 장은 작성하는 실무자보다는 검토하는 리더에게 전하는 내용입니다.

"팀에 나 같은 사람 한 명만 더 있으면 소원이 없겠네"라는 푸념을 하는 리더가 많습니다.

그러나 나와 똑같은 생각을 하는 사람은 지구에 없습니다.

같은 날, 같은 배에서 태어나 오랜 기간 같은 환경에서 자란 쌍둥이들도 서로 생각과 관점이 다릅니다.

리더의 머릿속 생각을 그대로 담아내어 보고서를 쓸 수 있는 실무자는 세상에 없습니다.

그렇다고 리더가 직접 보고서를 쓰는 것도 문제입니다.

타인의 보고서를 검토할 때에는 마음을 내려놓는 것이 좋습니다.
'방향과 완성도에 70점 정도를 줄 수 있다면 결재하겠다'는
태도가 필요합니다.
그래야 리더도 속 편하고 실무자도 마음의 상처를 덜 받습니다.

너무 작은 것까지 하나하나 고치려 하고,
대세에 영향을 주지 않는 것까지 일일이 잡아내어 교정하려는
리더가 많습니다.
이러한 노력과 열정은 가상하지만,
이는 매우 위험하고 무모한 것입니다.

우리의 보고서 작업은 인공위성을 쏘는
'로켓 사이언스Rocket Science'가 아닙니다.
약간의 오류를 눈감을 수 있는 배포와 인내심이 있으면 좋겠습니다.

작은 것을 일일이 쥐 잡듯이 잡으면
보고서의 완성도는 1% 올라가겠지만
실무자의 의욕과 자립심은 50% 내려갑니다.

리더가 보고서의 오타, 어긋난 정렬 같은 미세한 실수에
집착하는 것은

당사자의 '성향적 원인'도 있지만
보고서를 검토하는 '상황적 원인'이 크게 작동합니다.

보고서에 대해 '즉흥적인 피드백'을 해야 하는 상황에서는
리더의 마이크로매니징 스타일이 더 가속화됩니다.

즉, 리더가 보고서를 충분히 검토할 시간이 없이
쫓기듯이 급하게 피드백을 하려고 하면,
어쩔 수 없이 눈앞에 보이는 작은 것에만 집중하게 됩니다.

우리는 신이 아니기에
타인이 작성한 생소한 문서를 받아 들자마자
즉흥적으로 피드백을 줄 수 없습니다.

차근차근 보고서를 읽으면서
방향성을 곱씹어보고 표현 방식에서 부족한 것을 찾아내는
시간을 갖지 않으면
작은 티끌을 골라 잡아 빨간 펜 난도질을 하기 마련입니다.

그래서, 제가 강의 중에 만난 리더들에게 권해드리는 제안은
'최소 30분 정도 후에 피드백하기'입니다.

이는 일부러 묵혔다가 시간을 끌면서
보고서 피드백을 미루라는 것이 아닙니다.

정말 급한 사안이 아니라면
보고서를 단 10분이라도 각잡고 들여다봐야 합니다.
그래야만 보고서의 방향성 문제, 메시지의 오류들을 볼 수 있습니다.

껍데기가 아닌 본질에 문제가 없는지 확인하려면
깊게 몰입된 수준의 보고서 검토 시간이 반드시 필요합니다.
그래야 마이크로매니징이 아닌 합리적으로 피드백을 줄 수 있는
눈이 생깁니다.

보고서를 올바로 볼 줄 아는 눈과 지혜는
기본적인 검토 시간이 있어야 가능합니다.

많은 리더들은 마이크로매니징이 나쁘다는 것을 알고 있습니다.
그래서 다른 방식으로 보고서를 마무리 짓는 경우 가 있는데,
이 또한 잘못된 것입니다.
바로 "앓느니 차라리 죽지"라는 마음으로
리더 자신이 보고서를 '직접 수정'하는 행위입니다.

"김 책임‼ 지금까지 작성한 보고서 파일 나한테 보내, 내가 마무리 할게."

이렇게 실무자가 초안을 만들고 리더가 마지막으로 손을 대어

최종 완성하는 경우도 있습니다.

이는 잠깐 효율적일 수는 있겠지만

반복된다면 자칫 '공적 갈취'가 될 수도 있습니다.

매우 위험한 리더의 모습입니다.

보고서는 실무자의 손에서 최종 완결하도록 해야 합니다.

그래야만 보고서가 실무자의 기여물이 되고,

실무자의 성과로 인정되어 최종 업적 평가에도 반영할 수 있습니다.

리더가 직접 손을 대어 마무리를 짓게 되면

큰 부작용이 생깁니다.

실무자는 보고서의 디테일을 더욱 신경 쓰지 않게 됩니다.

"어차피 리더가 다시 바꿀 텐데"라는 생각을 가지고

처음부터 대충 쓰게 됩니다.

이렇게 되면 리더는 모든 보고서를 자신의 손으로 마무리해야 하는

악순환이 시작됩니다.

리더의 '보고서 직접 수정 행위'는

장기적으로 볼 때 마이크로매니징보다 더 해롭습니다.
리더와 실무자 간 중요한 소통이 생략되기 때문입니다.

부족한 보고서에 대해 서로 소통하고 확인하는 과정에서
실무자는 자신의 부족함이나 오류를 알게 되며,
한번 일어난 실수가 재발되지 않을 수 있는 것입니다.

이번 장의 내용을 보면서 실무자들이 다음과 같은
오해가 없기를 바랍니다.
"맞아! 작은 것 하나하나가 중요한 것은 아니잖아.
뜻만 통하면 되는 거지."
"작은 것에 집중하는 리더는 그 사람 자체가 잘못된 거야."
"일단 대충 써서 방향만 맞으면 되겠지."
이 또한 매우 잘못된 실무자의 생각입니다.

보고서를 작성할 때 작은 것에 에너지를 쓰지 말라는 것이 아닙니다.

보고서는 기록물입니다. 말은 날아가지만 글은 남습니다.
결재는 누군가의 결정과 책임을 수반하는 행위입니다.
상대가 책임지도록 설득하는 것이 보고서의 대전제입니다.
그러려면 작성자의 성의와 정성은 기본입니다.

성의조차 없는 보고서를 들여다보면서 메시지를 점검하고 싶은
리더는 없습니다.
보고서를 보면서 더 예민해지고 더 까칠해지도록 만드는
기폭제가 바로 작은 실수들의 반복입니다.

완벽함을 기반으로 양방향 소통이 싹트는 겁니다.
허술한 편집과 오타가 널려 있는 보고서에 신뢰를 줄 수 있는
용감한 리더를 기대해서는 안 됩니다.

실무자 스스로도 최소 90% 이상의 완벽성은 기해야 합니다.
그래야만 리더의 마이크로매니징에 항변할 수 있는 자격이 생깁니다.

— 2 —

거시적
보고서 검토

'경영진, 고객/현장, 경쟁자, 유관 부서'의 입장으로

보고서의 검토에는 두 가지 차원의 접근이 있어야 합니다.

보고서에 기록된 내용물을 보는 것은 미시적 검토이며,

이는 물리적인 검토에 가깝습니다.

눈에 보이는 것을 확인하는 것이기 때문입니다.

겉으로 드러난 모양만 검토하는 것은

보고서가 다루는 사안의 중대함을 과소평가하는 것입니다.

보고서를 검토할 때에는

그 보고서가 처한 상황과 역동성을 함께 보아야 합니다.

보이지 않는 것까지 보면서 보고서를 검토하는 사람이 진짜 선수입니다.

See the Unseen!

우리의 보고서는 거시적 검토와 미시적 검토가 병행되어야 합니다.

보고서의 거시적 검토는 보고서를 둘러싼 4개 형태의 인물을

기반으로 접근하는 것을 권장합니다.

위의 그림에서 보는 것처럼

제일 중요한 의사 결정자인 **경영진의 입장**에서

보고서의 결과물에 영향을 받은 **고객과 현장의 입장**에서

예정된 걸림돌을 예상하도록 자극하는 **경쟁자의 입장**에서

함께 협의하고 한 배를 타야 하는 **유관 부서 입장**에서 접근해야

보고서를 더 넓게 거시적으로 검토할 수 있습니다.

또한 거시적인 검토와 동시에

작성된 보고서에 대해 메시지, 논리, 표현의 세 가지를 기준으로

세밀하게 파고들어야 현실적이고 첨예한 검토를 할 수 있습니다.

경영진의 눈으로
검토하기

나 같으면 책임질 수 있는가?

대부분의 보고서는 2차 결재자(경영진급)까지 올라갑니다.

1차 결재자(팀장급)에서 전결로 끝나는 업무는 많지 않습니다.

보고서는 최종을 보면서 전진해야 합니다.

그래서 팀장급 리더가 보고서를 검토할 때에는

'내 맘에 드는가?'가 아니고

'경영진이 충분히 의사 결정할 수 있는 수준인가?'를

더욱 중요하게 여겨야 합니다.

실무자들도 마찬가지입니다.

보고서를 검토할 때에도 '팀장이 OK하는가?'가 아니라

'내가 경영진이라면 이 과제를 수용할까?'

'내가 사장님이라면 이 보고서에 책임질 수 있을까?'를

생각해야 합니다.

보고서는 본인의 '윗윗 상사'를 염두에 두고 작성되어야 합니다.

보고서를 검토할 때도 마찬가지로

내가 아닌, '윗윗 상사'의 입장을 대변하는지 봐야 합니다.

하지만 눈앞에 있는 보고서에 빠져들다 보면

지향점과 본질을 놓치고 단순한 퀄리티 체크에 몰두하는 경우가

많습니다.

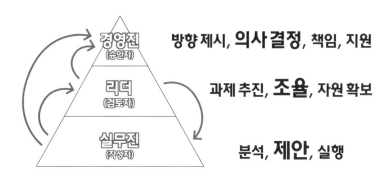

이 그림처럼

실무자의 현실적 분석과 설득, 꼼꼼한 실행력

중간관리자의 과제 추진과 합리적 조율, 실행 자원의 확보

경영진의 명확한 추진 방향과 의사 결정 및 책임, 적극적 지원

이 세 박자가 서로 교차되고 맞아떨어질 때

최고의 성과가 만들어집니다.

보고서가 움직이는 큰 경로를 정의해 보면 아래와 같습니다.

보고서란

실무자의 '제안'이

중간관리자의 '조율'을 거쳐

경영진이 '의사 결정'하도록 돕는 것

그러므로 보고서를 작성하고 검토할 때는

보고서의 궁극적인 지향점인 '경영진의 의사 결정 요소'를

항상 고려해야 합니다.

경영진이 보고서 결재에서 중요시하는 의사 결정 포인트는

크게 세 가지가 있습니다.

의사 결정 포인트 첫 번째, 명분과 실리

경영진은 '명분'과 '실리'로 움직입니다.

쉽게 결정하지 않으려 하고 고집이 센 경영진을

움직이게 만드는 것은 딱 두 가지입니다.

'(대의)명분', 그리고 그에 따른 '실리'

이 두 가지가 있으면 무조건 움직입니다.

'명분'이란

이 과제가 어떤 의미가 있는지(의미가 있었는지),

꼭 필요한 것인지(정말 필요했었는지)**를 보는 것입니다.**

'실리'란

돈과 이득이 되는지(되었는지)

고객과 현장에 효용이 있을지(있었는지)**를 보는 것입니다.**

'명분'과 '실리'가 높다는 것은

보고서에서 아래 내용이 증명될 때 가능합니다.

이 업무는(이 업무의 결과가)

– 업무가 단기적, 일회성이 아니고 반복적이고

  향후에 확장성이 있는 것임.

- 기능적 팀 차원의 수행뿐만 아니라

  본부, 전사적인 도움이 있는 것임.
- 금전적인, 비금적인 개선과 신규 확보가 있다는 것임.
- 회사의 중장기 전략, 조직 문화에 긍정적으로 연결되는 것임.
- 고객과 현장의 요구에 대응하는 것임.
- 뜬구름 같은 형이상학적인 것이 아니고

  손에 잡히는 현실적인 것임.

**보고서에서 '명분'과 '실리'를 증명하기 위한 최고의 메시지는
날카롭고 현실적인 '숫자'입니다.**
"숫자는 거짓말을 안 한다"는 말로 실무진에게
수치 기반의 보고를 강조하는 경영진이 열에 아홉입니다.

일본 최대 IT 기업이자 세계적인 투자 회사인 소프트뱅크(Softbank)의
손정의 회장도 "숫자를 봐야 판단할 수 있다"는 말로
수치적 보고와 수치 기반의 자료를 아주 중요하게 강조했습니다.

경영진은 '돈, 시장(기술), 고객' 이 세 가지 숫자로 의사 결정을 합니다.
보고서에는 이 세 가지 숫자가
아주 생생하게 그리고 가장 최신 버전으로 기록되어야 합니다.
그래야 말 그대로 날이 시퍼렇게 서있는 '엣지 있는 보고서'라

할 수 있습니다.

보고서를 검토할 때
'돈/시장(기술)/고객'을 머릿속에 되뇌기를 적극 권장합니다.
그렇게 하면 메시지의 빈틈이나, 명분과 실리가 허약한 포인트를
좀 더 정확하게 인식하고 찾아낼 수 있습니다.

스텝/마케팅/세일즈 버전

+ (증가)	매출&수익	전략 우위 /점유율	외부 고객 내부 고객 인지도, 몰입도
구분	**돈**	**시장**	**고객**
− (감소)	비용&원가	기회손실	외부 고객 내부 고객 클레임, 이탈률

기술/제조/엔지니어 버전

+ (증가)	매출&수익	효율/수율 /품질	현장 생산성, 적용성
구분	**돈**	**기술**	**고객**
− (감소)	비용&원가	리스크/Bug	현장 안전사고, 이탈률

'돈/시장(기술)/고객'은 모든 의사 결정의 핵심이자
'명분'과 '실리'를 관통하는 진리의 숫자입니다.

표에도 기록되어 있는 것처럼 '돈/시장(기술)/고객'은
증가시켜야 하는 숫자와 감소시켜야 하는 숫자로 확장해서
볼 수 있습니다.

보고서에서 다루는 과제의 지향점은

'매출'과 '수익'은 늘려야 하는 동시에

'비용'과 '원가'는 낮춰야 하는 것이며

'효율'과 '수율'은 늘려야 하는 동시에

'리스크'와 '오류'는 낮춰야 하는 것입니다.

또한 스텝/세일즈/마케팅 직무와

기술/제조/R&D/엔지니어 직무에서 중요한 숫자는

조금 다를 수 있습니다.

스텝/세일즈/마케팅 직무에서는

고객을 외부 고객, 내부 고객으로 재분류해서 보는 것이 필요합니다.

외부 고객에게는 '인지도의 상승', '클레임의 감소'가

핵심 수치인 반면

내부 고객, 즉 임직원에게는 '몰입도의 상승'과 '이탈률의 감소'가

의사 결정의 핵심 수치입니다.

기술/제조/엔지니어 직무에서는 고객을 실무 현장으로 설정하면

'생산성'과 '적용성'이 증가하고,

'안전사고'와 '이탈률'이 감소하는 것이 핵심 수치입니다.

의사 결정 포인트 두 번째 '성향, 입장, 역할'

'성향, 입장, 역할'은 경영진의 결재에 영향을 미치는
상황적 3요소입니다.

'명분'과 '실리'가 의사 결정에 영향을 미치는 불변의 진리라면
'성향, 입장, 역할'은 의사 결정에 영향을 미치는
가변적 항목, 상황적 변수입니다.
이는 개인과 상황에 따라 조금씩 달라진다는 것을 의미합니다.

'성향(Preference)'은
경영진이 판단할 때 '중요시하는 것', '취향'에 가깝습니다.
예를 들어, 어떤 경영진은 금전적 매출과 수익을
중요하게 생각하는 반면,
다른 경영진은 수익이 어느 정도 보장되면
내부 갈등이 없기를 더 원하는 분도 있습니다.
'성향'은 경영진 개인에 따라 달라집니다.
즉, 본부장이 새롭게 바뀌면 의사 결정에 반영되는 '성향'도
바뀌는 것입니다.

'입장(Stance & Position)'은
경영진을 둘러싼 다른 연결 부서와의 역동, 상하 관계, 업무 분장 상황

등에 해당합니다.

자신이 원하는 것이 뚜렷하더라도

타 조직과의 관계와 본인의 상사가 취하는 전략적 방향 등을

고려해야 하므로 마냥 밀어붙일 수 없는 '입장'이 있는 겁니다.

'역할(Role)'은 경영진이 맡은 지위, 직책 등을 말합니다.

예를 들어, 본부장이라도 그가 '할 수 있는 것'과

'할 수 없는 것'이 있습니다.

동일 인물이라도 영업본부장으로서 집중하는 포인트와

R&D센터장으로서 집중해야 하는 의사 결정 방식이 서로 다릅니다.

보고서 검토 시에는

'성향, 입장, 역할' 세 가지 모두를 반영해야 하지만,

우선순위를 둔다면

성향 20%, 입장 30%, 역할 50% 정도의 비중을 대입하는 것을

권장합니다.

사실상 '역할'이 의사 결정에 가장 많이 영향을 미치기 때문입니다.

경영진의 '성향, 입장, 역할'을 고려하면서

보고서의 결을 조금씩 다르게 접근하는 것이 정상입니다.

보고서 작업은 앞뒤 안 재고 직진하는 것이 아니고

원래 조금씩 조정하면서 맞춰가는 겁니다.

세상에 정답은 없습니다. 하지만 해답이 있습니다.
현명하고 지혜롭게 맞춰가고 조율하면서 답을 찾는 것이
필요합니다.
융통성 있는 보고서를 위해서는 경영진의 '성향, 입장, 역할'을
반영해야 합니다.

의사 결정 포인트 세 번째, Call to Action

경영진이 보고서가 마음에 들어
'의심/확인' 모드에서 '긍정' 모드로 관점이 바뀌면
이런 생각이 떠오른다고 합니다.

"오케이 알겠어, 그래서 내가 뭐를 해주면 되나?"

이 멘트에는 경영진이 보고서의 과제 추진을 승인하되
더 강력하고 확실하게 진행하기를 바라는 심리가 있는 것이고,
이를 위해 본인이 스스로 발 벗고 나서서 돕겠다는
'서포터(Supporter)'의 의지가 담겨있습니다.

최종 결재자가 보고서를 읽고 단지 결재만 하고

뒤로 빠지게 만드는 것은 바람직하지 않습니다.

그를 너무 '뒷방 노인네'로 전락시키는 것이며,

나중에 실권자나 권력자의 지원을 제대로 받지 못해

추진 동력을 확보하기 어려울 수 있기 때문입니다.

보고서에는 경영진이 확실하게 생각하도록 돕고

그의 의견을 적극적으로 표현하게 만드는 메시지 전략이 필요합니다.

경영진이 실무진과 함께 '같은 배를 타도록' 하는 장치를

포함시켜야 합니다.

We are in the same boat.

그러므로 보고서를 검토할 때

아래 세 가지 메시지가 경영진에게 충분히 소구(Appeal)되고 있는지

점검하여야 합니다.

첫째, 중요한 사항, 핵심 포인트

경영진에게 강력하게 전달해야 하는 메시지가

확실히 강조되었는지 확인하고 필요하다면 더 부각시켜야 합니다.

중요한 메시지는 시각적으로나 내용적으로나 더 돋보여야 합니다.

(본인이 느끼는 중요성을

다른 사람들은 동일하게 인식하지 못할 수 있으므로.)

중요한 만큼 더 정성들여 강조해야 합니다.

둘째, 경영진의 필요 행동, 지원 행동

원활한 과제 수행을 위해 경영진이 해야 하는 '구체적 행동'도

보고서에 명시되어야 합니다. 이것을 'Call to Action'이라고 합니다.

"(동의하신다면) 당신께서 이것을 해주셔야 합니다"라는

메시지를 전달해야 거인이 움직입니다.

알아서 돕기를 기대하지 말고, 경영진에게 요구하는 행동을

정확하게 적시해야 요청한 행동 중 절반이라도 얻어낼 수 있습니다.

셋째, 경영진이 선택해야 하는 사항, 결정해야 하는 사항

보고서 결재를 받는 그 장면을 잘 활용해야 합니다.

(대면, 비대면 상태와 상관 없이) 경영진이 보고서를 받아 들고

차근차근 들여다보는 장면은

실무진에게는 아주 귀한 설득의 기회이자 소통의 기회입니다.

과제의 원활한 수행을 위해 빨리 결정해야 할 사항이 있다면

'취사선택안'을 구체적으로 제시하여

그 자리에서 결정하고 직접 표기하는 행동을 유도해야 합니다.

이를 일명 경영진이 '가르마 타주는 것'이라고 합니다.

A, B, C 중에 어떤 것이 더 좋은지,

A방향으로 갈지, B방향으로 갈지,

중요한 선택이 보고서 결재 장면에서 바로 확인되고 선언된다면

과제 실행 속도에 탄력을 붙일 수 있습니다.

정리해자면,

경영진을 배려하는 보고서에는

다음 세 가지 유형의 메시지가 매우 적극적이고 명확하게

강조되어야 합니다.

1) 경영진이 반드시 알아야 하는 것

- 현장의 리얼한 의견들, 직원의 실제 반응들 중 특이점

- 기존과 확연히 달라진 것

- 회사의 방향/전략과 일치하는 점 또는 상반되는 점

2) 경영진이 실무자 대신 실행해 주어야 하는 것

- Top에게 보고해야 하는 것(대표이사, 회장까지 보고하는 경우)

- 다른 경영진에게 설명해야 하는 것

  (타 본부장의 사전 설득, 경영진 회의 때 직접 소개)

- 직접 수행해 주어야 하는 것(기념사, 중요 미팅 참석 후 의견 제시)

3) 경영진이 선택/판단해야 하는 것(일정 및 장소 선정, 거래처 선정 등)

- A, B, C 등의 옵션 중에 하나를 골라야 다음 단계 실행이 가능한 것
- 크게 다른 방향성 중 양자 택일을 해야 하는 것

이런 경우, 영악한 실무진은

경영진이 보고서 결재 장면에서 꼭 확인할 수 있도록

중요 메시지를 강조하고 필요하다면 보고서에 직접 표기하도록 하여

즉시 결정하는 행위를 유도합니다.

구분	주요 특징	장/단점 분석	실무진 의견	최종 선택 (V체크)
A사				☐
B사				✔
C사				☐

위 그림처럼 경영진이 바로 선택하고 표기까지 하도록

유도하는 것도 전략적인 표현 방식입니다.

경영진 입장에서 검토할 때 중요한 것, 한 가지 더!
의사 결정 포인트가 아닌 것은 줄이거나 삭제하기

경영진이 꼭 알아야 하는 내용이 강조되었는지
점검하는 것도 중요하지만
경영진 입장에서 몰라도 되는 것을
보고서에서 삭제하는 것이 훨씬 더 중요합니다.

보고서의 메시지는
'넣는 것(Add)'보다는 '빼는 것(Delete)'이 훨씬 더 큰 미덕입니다.
잡초를 제거해 줘야 다른 작물이 더 잘 자랄 수 있는 것처럼,
의미가 약하거나 중요함이 덜한 것을 빼주는 것이야말로
실무진의 최고 능력입니다.

이러한 솎아내기 작업은 (실무자보다는) 리더급에게
더 중요한 역할이기도 합니다.
경영진과 조금이라도 가까이 있는 리더가
실무자보다 윗사람의 속내와 스타일을 더 잘 알고 있으며
한 마디라도 말을 더 섞었던 리더가 경영진의 마음과 의중을
읽어내기 쉽습니다.

리더는 실무자가 조바심으로 혹시 몰라 넣게 되는 메시지 중에서

경영진이 몰라도 되는 것이라면 과감하게 삭제하거나

별첨으로 빼도록 지도해야 합니다.

리더가 해주는 빨간 펜 작업은 첨가, 교정보다는 삭제가 진짜배기입니다.

보고서 검토 중에 아래의 사항을 염두에 두십시오.

- 기존에 이미 경영진에게 보고되었고 종결된 내용은 삭제하기

- 대세에 영향을 미치지 않은 작은 정보는 삭제하기 또는

  별첨으로 빼기

- 굵직한 내용으로 대표할 수 있다면

  이를 서포트하는 단순 정보성 메시지는 별첨으로 빼기

  (비용 총액 vs. 세부 비용 내역, 수행 개요 vs. 세부 일정 계획,

  주요 역할 구분 vs. 세부 업무 분장표 등)

고객/현장의 눈으로
검토하기

실적이 아닌 성과인가?

보고서의 궁극적 목적은 '성과'입니다.

'성과'란 고객과 현장의 만족과 긍정입니다.

보고서의 끝자락은 당연히 고객/현장을 가리키고 있어야 합니다.

그러나 많은 보고서가 작성자 본인들을 향하는 경우가 많습니다.

우리는 고객/현장을 이롭게 하는 보고서를 만들어 내야 합니다.

'낙제발명(落第發明)'이라는 말이 있습니다.

영어로는 'Flunk Invention'인데,

새롭게 시도하는 것은 맞지만 현실적으로 전혀 도움이 되지 않는 낙제점인 상태를 말합니다.

우리 현실 속에 '낙제발명'형 보고서가 정말 많습니다.

보고서의 과제를 통해 무언가를 실행하더라도

고객/현장의 만족과 동의를 얻어내기 힘들거나,

효과가 없거나, (효과가 있더라도) 효율이 떨어지거나,

현장의 실질적 개선이 미약하거나,

단순 일회성이어서 한 번 하고 휘발되거나,

진행 과정에서 부정적 반응이나 저항이 상당하다면

그것이 낙제발명입니다.

이미 승인이 되어버린 낙제발명 보고서가 일으키는 악영향이

실로 엄청나게 파괴적입니다.

최고 의사 결정자에게 결재를 받았으니 실행을 안 할 수도 없고

막상 실행하자니 현실에서 터지는 후폭풍이나 저항이 거셉니다.

낙제발명이 되지 않기 위해서

보고서는 항상 End to End를 지향해야 합니다.

실무진의 자원 투입과 노력이 고객/현장의 만족까지 이어져야

진짜 좋은 보고서입니다.

앞서 강조했듯이

보고서의 궁극적 본질은

'성과를 만들어가는 과정을 설계하고 정돈하는 것'입니다.

그러므로 보고서를 검토할 때도 계획이 실행되는 장면을

철저히 고객/현장의 입장에서 유추하며 접근해야 합니다.

보고서에서 제시된 실행 계획이 실제로 발현되는 상황과

그 효과를 추적할 필요가 있습니다.

고객/현장을 외면하면서 작성된 보고서는

개별 팀에게는 '실적'이 될 수 있지만

조직 차원의 '성과'에는 오히려 독이 됩니다

'실적'과 '결과', '성과'는 서로 다릅니다.

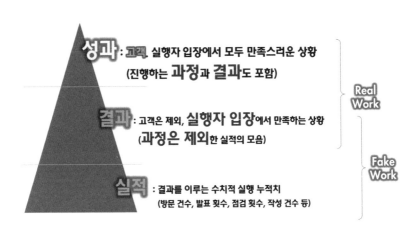

그림에서처럼

'실적'은 '건수'와 '횟수'처럼 행동과 과정에만 집중하는 개념입니다.

이는 '했다', '못 했다'에 가까운 피상적 내용으로

실무자의 실적이 있어도 회사 차원에서는

궁극적인 도움이나 개선이 없을 수 있습니다.

마치 '일하는 척'하는 것과 같습니다.

주관처만의 입장, 실무자의 단기 성적에만 국한되다 보니

돈을 쓰고 실행을 해도 나아지는 것은 별로 없는

'제자리 걸음' 상태를 만들게 됩니다..

이게 바로 Fake Work(가짜 일, 형식적인 일 처리)입니다.

보고서를 검토할 때에도 실행 계획의 지향점이

'실적'에 국한되어 있지 않은지 점검해야 합니다.

'결과'는 '실적'의 누적으로 실행자가 만든 업적입니다.

여기에는 가치(Value)라는 이름을 아직 붙이기 어렵고

효용을 논할 수 없는 상태입니다.

'실적'이 모여 '결과'가 되며

이 '결과'가 고객/현장의 만족과 연결되는 것을 '성과'라 할 수 있습니다.

'성과'는 고객/현장의 만족을 전제로

'의미 있다', '도움이 되었다', '변화되었다' 중심의 접근입니다.

진행하는 과정이 잡음 없이 매끄럽고

만들어진 성취물도 충분히 고객/현장 지향적인 것이기 때문에

'성과'는 가치(Value) 있는 것입니다.

실적(행위)

~~ 을 한다

~~ 까지 한다

~~ 것을 한다

성과

(문제였던 것이, 불가능했던 것이)

~~ 수준으로 개선된다

~~ 가 가능하게 된다

~~ 로 변화한다

'실적'은 단순한 행위에 불과하지만

'성과'는 개선, 가능성, 확보, 변화에 초점이 맞춰진 것으로

고객/현장의 입장을 생각하는 접근입니다.

따라서 보고서의 실행 계획은 '실적'이 아니고

'성과'를 만드는 행위를 설정해야 합니다.

시야가 좁으면 '하겠다' 중심의 보고서를 작성하게 됩니다.
이러한 작은 시야를 크고 넓게 확장하기 위해서
보고서의 범위(Scope)에 항상 고객/현장의 입장이 반영되도록
신경 써야 합니다.

보고서를 작성하는 목적은 단순히 쓰는 것이 아니라,

바꾸고 개선하고 좋아지도록 하는 것이며

그 끝은 고객/현장을 바라보고 있어야 한다는 점을 명심하십시오.

그래서 보고서의 '접근 방향', '실행 계획'을 검토할 때
아래 질문을 해보는 것을 권장합니다.

- 궁극적인 혜택을 얻어야 하는 고객/현장은 누구인가?

  그들이 언급되어 있는가?
- 제시한 문제는 우리의 문제가 아닌 고객/현장의 문제인가?
- 그들이 진정 원하는 것(Real Needs)은 무엇인가?

  그 필요점을 어떻게 확인했는가?
- 이 보고서에서는 실효성과 실익을 다루고 있는가?
- 이 과제의 실행으로 진짜 고객과 현장이 만족할 만한

  변화가 가능한가?
- 혹시 차라리 안 하는 것이 도움을 주는 것이 아닌가?
- 과제의 결과는 좋더라도 수행 과정에서

많은 출혈/저항이 있지 않은가?

– 고객/현장의 WOW Point가 충분한가?

– 고객/현장의 습관을 억지로, 급하게 바꾸려 하는 것은 아닌가?

또한

보고서가 고객/현장을 지향하기 위해서는

무조건 '쉬운 용어'를 사용해야 합니다.

쉬운 용어, 평이한 용어를 사용하지 않으면서

고객/현장을 지향할 수 없습니다.

특이한 전문 용어, 특정 기능팀에서만 쓰는 축약어를 남발하는

보고서들은 다른 팀, 고객, 현장을 외면하는

자기만의 외침과 같습니다.

보고서는 남이 알아봐야 존재 가치를 유지할 수 있습니다.

고객과 현장이 알아듣지 못하는 전문 기술 용어의 남발은

이 존재 가치를 무너뜨립니다.

각 기능(function)마다 쓰는 전문 용어나 축약어가 있을 수 있지만

이는 팀 내부에서나 또는 전문가들이 모여있는 기술 세미나에서나

사용되는 것입니다.

특히나 전사적인 공유와 공감대가 중요한 보고서는
최대한 평이한 단어로 작성되어야 합니다.

예전에 제가 겪었던 한 회사의 일례를 들면
컨설팅 회사 출신의 고위급 리더가 전사 리더들이 모인 회의체에서
너무 많은 영어와 축약어를 사용한 자료로 발표를 한 적이
있었습니다.

빨리 Issue Up(과제화)하고 Escalation(상부 논의)해야 합니다.
우리 회사의 PoV(Point of View, 관점)는…
이 Issue에 대한 저의 Concern(근심)은…

당시 참여했던 많은 사람들은 그 발표자를 '전문가'로
우러러보기보다는 '쟁이'로 평가 절하했었습니다. .

"아직 컨설팅 물이 덜 빠졌군."
"많이 알아 좋겠네, 그런데 일은 잘하나 몰라?"

보고서는 무슨 수를 써서라도 타인이 바로 알아듣고 이해하도록
만들어야 합니다.
그러기 위해서는 어려운 전문 용어, 기능 축약어, 의미 없는

영어 남발은 최대한 피해야 합니다.

이를 염두에 두고 보고서에 쉬운 용어가 사용되었는지 영어나 축약어라면 모든 사람들의 입을 통해 사용되는 회사 공용어인지 체크하는 것도 필요합니다.

경쟁자의 눈으로 검토하기

위험하지 않은가? 현실적인가?

실무자가 보고서를 쓰는 과정에 심취하게 되면

과제가 착착 쉽게 진행될거라는 착각인 '행복 회로'를 돌리는 경우가

다반사입니다.

본인이 만드는 보고서와 사랑에 빠져서

'이게 최선이고 완전 무결한 계획'이라고 생각하는 것이죠.

이렇게 되면 현실의 어려움을 모르는 순진무구한 보고서가

작성됩니다.

일명 '되는 방향'으로 보고서를 쓰는 겁니다.

하지만 세상에 쉬운 일이 없습니다.

원래 지지고 볶으면서 성과를 만들어 가는 거죠.

군대에서는 일명 '레드팀(Red team)'이라는 저항군을 설정하여

작전을 실전처럼 준비하고 작전을 마치고 나서도

미흡했던 점을 성찰합니다.

보고서를 검토할 때도 마찬가지로 '레드팀' 역할로 접근해야

순진무구한 보고서를 제어할 수 있습니다.

"나는 전망을 알고 싶지, 희망을 알고 싶지가 않아요!

이 점을 꼭 직원들에게 전달해 주세요."

예전에 한 회사의 CEO가 저에게 강의 전 당부했던 말입니다.

자신에게 올라오는 보고서를 보면

'장밋빛 미래'로 보이도록 그럴싸하게 포장해서 가져오는데

한 번만 더 생각해 보면 부정적인 영향이나 걸림돌이 있는데도

그걸 숨겨서 가지고 온다는 겁니다.

이는 오히려 의사 결정자의 판단을 흐리게 하고

현혹하는 보고서입니다.

세상에는 명(明, Bright Side)과 암(暗, Dark Side)이 함께 존재하듯이

모든 업무에는 장애 요소, 리스크, 부작용 등이 있습니다.

물론 리스크를 과도하게 생각하다 보면

무서워서 일을 못할 수 있습니다.

하지만 필연적으로 생기는 리스크만큼은 보고서에 제시하고

적절한 대응책이 기록되어 있어야만 그것이 진짜 전략이고

실행입니다.

'계획'에 '리스크 헷지(Risk Hedge)'가 더해진 것이 '전망'입니다.

"Gain이 Cost보다 큰가?"

이는 보고서를 검토하는 사람에게 아주 필요한 체크 포인트입니다.

'Gain' 명(明)/Bright Side		'Cost' 암(暗)/Dark Side	
기능적 이익/효용	~ 이 좋아진다. 편해진다. (기능적 개선)	**비용**	투입하는 자금 포기하는 기회비용
경제적 이익/효용	~ 의 효익이 있다. (금전적 효과)	**공수**	투입되는 노력, 품, 인력 과도한 업무량, 짧은 납기
심리적 이익/효용	~ 의 트랜드, 문화, 분위기 등이 마련된다. (문화적 효과)	**위험**	호환성 문제, 규제, 대체재 현실적인 저항, 갈등

보고서에서 다루는 과제를 통해 얻는 'Gain'

즉 '기능적, 경제적, 심리적 이익과 효용'이 높다 하더라도

그 반대편에 있는 어둠의 그림자인 'Cost'가 너무 크다면

진행 방향의 일부를 조정할 필요가 있습니다.

모든 업무에는 'Cost'가 존재합니다.

투입하는 금전적 자금이 너무 많거나,

실행으로 인해 포기하는 기회비용이 너무 크거나,

들여야 하는 품, 짧은 시간에 해내야 하는

압축적인 노력이 너무 많거나,

실행을 가로막는 규제나 내·외부 저항, 성과물에 대한

대체재 등이 막강하다면,

업무의 효과성, 효율성은 당연히 반감됩니다.

보고서가 성공에만 포커스되어 있고

실행 가능성이 과대 포장이 되어 있다면 이를 찾아내어

'현실적 계획'이 되도록 조정해야 합니다.

유명한 복싱 선수인 마이크 타이슨이 했던

아래 명언을 들어보셨을 겁니다.

"누구나 그럴싸한 계획은 갖고 있다, 처맞기 전까지는."

이 말의 영어 문장 전체는 아래와 같습니다.

"Everybody has a plan until they get hit, Then, Like a rat, they stop in fear and freeze."

이 문장을
'아무리 좋은 계획이 있어도 현실에서는 안 통할 것이다'
라고 해석하면 그것은 너무 소심하고 부정적인 풀이입니다.

이 말을 곱씹어보면
'리스크를 모르고 덤비면 안 된다'는 뜻이 있고
'미리 리스크를 예상했다면 실제 맞닥뜨렸을 때
덜 당황할 수 있다'는 뜻도 같이 있는 겁니다.

보고서를 검토할 때에는
리스크와 반대급부를 올곧이 바라보고
리스크의 일부를 미리 대응할 수 있는 현실적 계획인지
확인해야 합니다.

설령 보고서에 리스크와 대응 전략을 착실히 담지 못한다 해도
보고서를 보면서 이런 리스크가 있을 수 있으니

유념해야 한다고 생각하는 자체가

업무 상황에 건전한 경각심을 만들어 줄 수 있습니다.

유관 부서의 눈으로
검토하기

'갈등이나 저항이 없는가?'

Do Right Things

Do What Work
(될 일을 하는 것)

Do Things Right

Do Things Work
(일이 되기 위해 필요한 전방위적 노력)

'Do Right Things, Do Things Right'라는 구절을
많이 들어보셨을 겁니다.
'중요하고 필요한 일을 하고 그 일을 제대로 하자'라는 구호입니다.
이 말처럼 보고서에는 '정확히 설정된 타겟'과
'올바른 방향과 계획'이 둘 다 들어있어야 합니다.

하지만 우리는 여기에서 한발 더 나아갈 필요가 있습니다.
빙산으로 비유하면
수면 위에 있는 모습보다 수면 아래의 기반 요소가 더 큽니다.
이 기반 요소들은 보고서에는 기록되지 않지만
보고서의 실행에는 상당히 큰 영향을 미칩니다.

'Do What Work'와 'Do Things Work'도
보고서 검토 시 눈여겨봐야 하는 항목입니다.

'Do What Work'는 '될 일을 하는 것'입니다.
비즈니스 생태계에는 '어떻게 해도 안 될 일'이 분명 존재합니다.
막강한 장애 요소와 회사의 상황상
지금은 하지 못하는 업무들이 있는 겁니다.
이를 현명하게 받아들이고 과제의 범위나 방향을 조절하는 것도
실무진의 몫에 해당합니다.

'Do Things Work'는 '일이 되도록 만드는 전방위적 노력'입니다.

보고서의 과제 실행에 리스크가 덜하도록 미리 제어하는 노력은
기본 전제 조건입니다.

이 외에도

연관 부서 및 이해 당사자와의 갈등, 시기, 질투, 반대가 없도록
매끄러운 과제 추진의 길을 미리 닦아 놓는 것도 실무진의 몫입니다.
따라서 보고서를 검토할 때에는 '연관 부서의 입장, 그들의 협업과
조력'도 고려되어야 합니다.

○○팀과 연결되어 있는데, 이 과제에 대해 어떤 반응을 보일까?
○○본부의 전략과는 반대되는 모습은 아닐까? 저항이 없을까?
○○의 도움이 제일 필요한데, 여력이 있을까?

우리는 문제를 맞닥뜨리면
본능적으로 쉬운 길을 찾고 익숙한 기능만 활용하려 합니다.

HR(인사)은 채용, 평가 보상으로, 재무는 예산 관리로,
영업은 매출 확대로, 구매는 단가 인하로, 생산은 원가 절감으로,
R&D는 연구로, 마케팅은 홍보와 프로모션으로만
과제를 대응하고 풀어내려 하는 거죠.

Six Blind Men and the Elephant
Connecting the Pieces

Illustration: Hans Møller/mollers.dk

'맹인모상(盲人模像)'이라는 사자성어가 있습니다.

위 그림처럼 옛 속담 중 '장님 코끼리 만지는 격'의 의미인데

어떤 사물의 한 형상이나 단면만을 보고 사물 전체를 아는 것처럼

판단하는 것을 말합니다.

전사적인 해결책, 즉 'Big Game'을 생각하지 못하고

자신의 전문 기능에 함몰되어

본인이 가진 주특기 하나로만 낑낑대면서 업무를 수행하는

'Small Game'을 하면 안 됩니다.

'망치 들면 못만 보인다'는 속담처럼
전문성 하나에 빠져들면 세상 모든 과제를 그 전문성으로만
완성하려 합니다.
인사쟁이, 재무쟁이, 구매쟁이, 마케팅쟁이…
이렇게 조직원 모두가 ○○쟁이로 파고들면
작은 톱니바퀴는 돌겠지만 전사적인 큰 톱니바퀴는 안 돌아갑니다.

큰 바퀴가 돌도록 하는 넓은 시야를 가져야 합니다.
보고서를 작성하고 검토하는 당사자는 맡은 업무 기능에 함몰되지 않고
전사적으로 보유하고 있는 다양한 자원과 이해 당사자를
포괄적으로 생각할 필요가 있습니다.

과제의 최적 솔루션을 찾기 위해
필요한 전문 기능들을 복합적으로 볼 줄 알아야 하며,
전사적인 관점으로 생각해야 합니다.
이와 동시에 보고서의 실행 과정에 존재하는
협업 포인트를 고려하는 것이 중요합니다.

EBS 채널의 EBR(EBS Business Review) 프로그램 중
서울대학교 경영학과 강성춘 교수가 출연한
'평범한 사람들의 비범한 능력'의 내용에 따르면,

조직에서 성과를 내기 위해서는 세 가지 자본이 필요하다고
했습니다.

첫째, 인적 자본
개인이 가지고 있는 지식과 능력에 해당하며,
개별적인 팀이 가진 기능 전문성도 인적 자본에 포함합니다.

둘째, 사회적 자본
관계와 교류를 통해 타인, 타 부서가 가진 지식, 경험,
그리고 그들의 도움을 업무 성과에 활용하는 능력입니다.

마지막 세 번째, 조직 자본
회사가 가지고 있는 기술 자산, 시스템, 프로세스, 매뉴얼,
금전적 또는 비금전적인 자본까지 포함합니다.

이 연구에 따르면 성과에 영향을 미치는 것은
'인적 자본(개인 능력)'이 30% 정도에 그치고
나머지 70%는 '사회적 자본'과 '조직 자본'에 기인한다고 합니다.

이 결과를 숙고해 보면,
성과를 위해 개인과 팀의 전문성도 중요하지만,

이는 기본 조건일 뿐입니다.

타 부서의 도움과 지지를 얻어내어

조직이 가진 다양한 자원들을 잘 활용해야

훨씬 큰 성과를 만들어 낼 수 있습니다.

지속적으로 강조하는 내용이지만

보고서는 쓰는 것이 목적이 아닙니다.

보고서는 성과를 만들기 위한 준비, 실행, (예상) 결과 등을

미리 계획하고 설정하기 위한 산출물입니다.

따라서 우리는 자신이 속한 개별 팀의 전문성을 넘어서

필요한 사회적 자본, 조직 자본을 어떻게 잘 동원할 수 있는지

꼼꼼히 따져 봐야 합니다.

그러므로

보고서에서 언급되는 과제의 추진 모습을 예측해 볼 때

'긍정적인 지원의 영역'과 '부정적인 거부/제약의 영역' 두 가지를

차분히 살펴봐야 합니다.

긍정적인 지원 영역은

협업 기회를 창출하여 더 큰 성과, 더 원활한 성과를

도모할 수 있는지를 말하는 '실행 강화의 기회'를 말합니다.

이와 동시에 고려해야 부정적인 영역은
타 부서의 적극적인 반대나 방어적인 태도가 나올 수도 있는
'실행 걸림돌'입니다.

이 두 가지 영역을 사전에 확인하고 조율할 줄 아는 힘.
이것이 바로 고성과 핵심 인재에게 필요한 '정무적 능력'입니다.

일단 보고서 작성을 시작하면 앞을 보고 달리는 경주마처럼
시선이 좁아지고 주변을 둘러볼 여유가 많지 않습니다.

작성된 보고서를 검토할 때만큼이라도
과제를 둘러싼 정무적 요소를 함께 생각하면서
성과의 방향과 계획을 더 원활하게 만들 기회가 있는지,
반대로 결사 반대하는 적이 생길 수 있지는 않은지 확인하고
미리 소통하고 조율해야 합니다.

보고서의 과제를 추진하는 과정에서 협업으로 판을 키워야 하는
상황을 볼 때는 다음의 기준을 참고해 보면 좋습니다.

Under Collabo	Collabo Premium	Over Collabo
일단 내 팀 업무만 문제 없이 하면 된다고 생각할 때	성과가 극대화, 효율화될 때	내 팀이 편해질 때 내 팀 일이 덜어질 때
이 업무는 내 팀이 제일 빛나고 내 팀만 알아야 하는 정보라고 생각할 때	타인, 타 팀의 전문성이 필요할 때	타 팀의 손, 발이 필요할 때
경영진이 그 팀에 지시하고 나에게 찾아오면 협업이 시작된다고 생각할 때	최종 결재 라인에서 상대 팀이 반드시 언급될 것이라 판단될 때	혹시 몰라 미리 책임 소재를 분산시키려 할 때
...	...	...

우리가 '주도성'이라는 개념을 오해하는 경우가 있습니다.

'주도성'은 혼자 일하는 '독고다이'가 아닙니다.

여러 사람들, 주변의 이해 당사자들과 치열하게 토론하고 소통하면서

더 잘 해낼 수 있는 기회를 적극적으로 모색하는 것이

'주도성'입니다.

'주도성'의 업무적 확장이 '협업'입니다.

그래서 우리는 보고서를 검토하는 동안,

과제와 관련하여 '**협업 프리미엄**'이 있을지를 고려해야 하며

필요시 타 부서와 연동 및 협의를 미리 미리 추진해야 합니다.

'**협업 프리미엄**'이란

협업을 통해 건설적인 상부상조가 가능하고,

대승적 관점에서 성과를 낼 수 있을 상황을 말합니다.

대부분의 최종 결재자는 기능을 초월해서 보고 있기 때문에
전사적인 역동과 협업을 매우 중요시 여깁니다.

성과가 극대화되거나 효율을 높일 수 있다면,
타 팀의 전문성으로 더 높은 성과가 날 수 있다면,
최종 결재권자가 다른 팀의 연결성을 언급할 가능성이 보인다면,
협업의 기회를 해당 팀과 같이 고려하고
이를 보고서의 실행 계획에 반영해야 합니다.

그러나 협업이 중요하다고 해서
협업을 너무 남발(Over Collabo)해서도 안 됩니다.
협업은 손을 많이 타는 작업이기 때문입니다.
반대로, 협업을 귀찮아하면서
너무 회피(Under Collabo)해서도 안 됩니다.

협업을 통해 좀 더 큰 바퀴를 굴릴 수 있는 기회를 포착하는
정무적 시야가 필요합니다.
함께 협업하며 얻는 장점 즉 '협업 프리미엄'이 있는지 생각하며
적절히 대처하는 것이 좋겠습니다.

'협업 남발(Over Collabo)'과 '협업 회피(Under Collabo)'의
상황에 대해서는 앞의 표에도 좀 더 자세히 기술하였으니
확인해 보시기 바랍니다.

앞서 보고서 실행의 긍정적인 영역인 '연결 부서와 협업 기회 탐색'을
다뤘다면, 이제는 연결 부서와 발생할 수 있는
부정적인 면을 다뤄보겠습니다.

타 부서의 결사 반대, 거부가 심하면 될 일도 안 됩니다.

업무 현장에서 실무자들이 하는 푸념 중에 이런 말이 있습니다.
"내 생각과 의지가 100%라면,
이 중에 20%는 상사가 까버리고
나머지 30%는 연결 부서가 까버리더라."

원래 Vertical Collaboration(동일 조직 내 협업)은 잘되는데
Horizontal Collaboration(타 조직 간 협업)은 사실 어렵습니다.
'KPI로 물려있는 상황(같은 본부장 산하)'의 부서끼리는
서로 협력을 잘합니다.
같은 배를 탔으니 미우나 고우나 서로 도와야 하는 상황인거죠.
하지만 '의리로 진행하려는 상황(다른 본부장 산하)'은

원래 협업이 쉽지 않습니다.

강 건너 불구경하면 다행이고
딴지 걸거나 아주 심하면 결사 반대를 하는 경우도 있습니다.
과제의 수행에 대해 이견을 가질 수 있는 팀을 찾아내서
미리 협의하거나 조율하면서 소통을 해두어야만
결사 반대의 상황이 일어나지 않습니다.

이때에 특히나 리더의 '정무적 능력'이 빛을 발합니다.

실무자들이 리더에게 원하는 점에 대한 인터뷰 내용 중에
이런 말이 있었습니다.
"리더는 일을 안 하거나 못 해도 괜찮아요,
정치적 감각과 수완이 뛰어나다면 많은 단점을 상쇄해 줍니다."

리더는 불필요한 갈등이 너무 커지지 않도록 미리미리 정리해 주고
사전 작업을 할 줄 알아야 합니다.
그래야 '성과 지향적이고 건설적인 정치 능력(Political Savvy)'이 있는
멋진 리더입니다.

우리는 자신이 중요하다고 생각하면

다른 팀도 똑같이 중요하게 받아들일 것이라고 기대하며 착각하는데
이를 '비양립성 오류(Incompatibility Error)'라고 합니다.

원래 같은 아파트, 같은 층에서도
창문으로 보이는 뷰가 조금씩 다릅니다.
각도가 약간만 달라져도 바라보는 관점이 달라지게 되어 있습니다.

내가 보는 과제에 대한 감도와 생각이
타 팀에게도 똑같이 적용되지 않습니다.
즉, 우리 팀의 업무 방향에 대한 다른 팀의 이견은 늘 존재합니다.
타 팀의 반대와 저항은 필연적이며 상수(常數)라고 봐도 무방합니다.

보고서에서 다루는 업무 추진에 대한 이견과 갈등이 있는 경우를
구분해 본다면 다음 쪽의 표와 같이 세 가지 케이스로 볼 수 있습니다.

첫째, 우선순위가 다를 때 저항이 일어납니다.
우리 팀에서는 중요하고 시급해도
다른 팀에서는 덜 중요하고 부차적일 수 있으며,
이 경우 상대팀은 우리 팀의 요청에 적극적이지 않고
반응이 더딜 겁니다.

이견의 원인		세부 설명
우선순위	같은 과제에 대해 **감도**가 다르다.	과제의 **시급성**과 **중요성**에 대한 **인식 차이**
구조	**목표의 상충** 조직간 R&R에 문제가 있다.	불공평한 제도, 환경, **KPI의 충돌** 조직장 간 알력 다툼
업무 방식	**업무 성향**과 **가치관**이 다르다.	**업무를 접하는 방식의 차이** (예, 연구소 Vs. 생산, 인사 Vs. 재무)

둘째, 구조적 갈등이 있을 때 저항이 일어납니다.

조직 간 R&R과 목표가 상충할 때는

서로 으르렁대는 앙숙의 모습으로 일합니다.

A조직의 핵심 목표는 '매출 확대'인데,

B조직의 핵심 목표는 '수익성 강화'라면 방향이 서로 어긋납니다.

또는 A공정의 생산량이 좋아지면 연결되는 B공정의 인풋이 많아져서

B공정의 책임자는 업무량이 늘어나는 형국이 됩니다.

이 경우에도 협업이 쉽지 않고 오히려 저항하거나 반대하는 모습이

생길 수 있습니다.

셋째, 업무 방식, 가치관, 성향이 다르면 협업이 원활하지 못합니다.

'연구소'는 각종 단계를 지키면서 하나씩 체크하는 조직이라면

'생산'이나 '영업'은 밀어붙이고 돌파해내고

양적인 성장을 중요시하는 조직이라서

상호 간 업무 협업에 갈등이 존재할 수도 있습니다.

'HR(인사)'은 돈을 쓰는 비용 집행의 조직인 반면,

'재무'는 돈을 움켜쥐고 관리하는 조직이므로

두 기능은 대척점(對蹠點)에 있기도 합니다.

따라서 업무 추진 상황에서 소통이 미약하면 갈등이 만연합니다.

갈등과 대치는 없을 수 없습니다.

그래서 부서 간 갈등이 심한 문제가 되지 않도록 미리 예측하고

사전에 조율하면서 보고서를 현실적으로 조정하는 것이

매우 중요합니다.

최악의 보고서 상황이 무엇인지 아시나요?

최고 경영진까지 결재가 종료된 보고서를 막상 실행하려 할 때,

회사 내 많은 부서에서 결사 반대하거나

민중의 봉기처럼 부정적 의견이 심하게 나오는 경우입니다.

이런 경우가 발생하지 않도록

보고서를 작성할 때는 물론 작성된 보고서를 검토하는 과정에서도

미리미리 드리블을 하며 돌파해 내는

유연한 눈과 손과 발을 가져야 합니다.

3

미시적
보고서 검토

'메시지, 논리, 표현'을 중심으로

말을 쉽게 잘하고 글도 담백하고 논리적으로 잘 쓰는 것으로 유명한
유시민 씨가 있습니다.

이 분이 출연했던 인터뷰 영상 중 특히나 인상 깊었던 내용이 있어서
소개해 보겠습니다.

(유튜브에 "유시민 친절한 말"이라고 검색하면 1분 정도의 쇼츠를 볼 수
있습니다.)

유시민 씨의 말에 따르면,
누군가와 소통 장면에서 스스로 세 가지 점검 질문을 하면
좋은 대화를 할 수 있다고 합니다.
이 세 가지 질문은 보고서를 점검하는 핵심 포인트와
괘를 같이 합니다.

좋은 소통을 위한 자가 점검 질문 첫 번째

"옳은 말인가?"
옳다면 전달해야 합니다.
'옳다는 것'은 일부의 편견이나 감정이 아닌
검증 가능하고 객관적인 사항임을 말합니다.
보고서는 옳은 말, 즉 '팩트'로 작성되어야 합니다.

'옳은 말'이란 회사와 고객에 도움이 되는 것으로 확장하여 풀이할

수 있습니다.

단순히 팩트를 넘어서 조직의 성과와 성장에 도움이 되는 것도

'옳은 것'입니다.

옳은 내용은 숨겨져도 안 되고 왜곡돼서도 안 되며,

늦어서도 안 됩니다.

보고서는 누락없이, 꾸밈없이, 지체없이 전달되어야 합니다.

좋은 소통을 위한 자가 점검 질문 두 번째

"꼭 필요한 말인가?"

이 질문에 '지금'이라는 단어를 추가로 기입해 보면

더 뜻이 와닿습니다.

옳기는 해도 지금 꼭 필요한 말이 아니라면 굳이 할 필요는 없습니다.

'꼭 지금이어야 한다'는 것은 선별되었다는 것을 말합니다.

선별되어야 가치가 있는 것입니다.

수다스럽지 않고 지금 필요한 말, 상대가 지금 꼭 들어야 하는 말이어야

소통의 임팩트가 커집니다.

그래야 잔챙이들의 수다처럼 시덥지 않고

전문가들의 묵직한 대화가 됩니다.

좋은 소통을 위한 자가 점검 질문 세 번째

"친절한 말인가?"

'친절하다는 것'은 상대의 입장과 감정을 배려하는 언어를
쓴다는 겁니다.

같은 말이라도 험하게 하여 인심을 잃는 말을 하는 사람이 있는 반면,
좀 더 능숙한 표현으로 상대의 마음이 다치지 않도록
신경 쓰는 사람이 있습니다.
우리에게는 타인을 편안하게 하는 배려의 소통이 필요합니다.

'친절한 말'은 상대에 대한 감정 수용, 공감, 인정 등의
부드러운 대화이기도 하지만,
이를 보고서에 대입해서 보면
'상대가 쉽게 이해할 수 있다' 또는 '상대가 빨리 습득한다'는
의미기이도 합니다.
상대가 편안하게 받아들일 수 있는 그들의 언어를 구사하는 것이
품질 좋은 소통의 기본입니다.

"옳은 말인가?"
"(지금) 꼭 필요한 말인가?"
"친절한 말인가?"

이 세 가지 질문은 좋은 보고서를 이루는 3요소와 연결됩니다.

아래 그림을 보십시오.

좋은 보고서란...

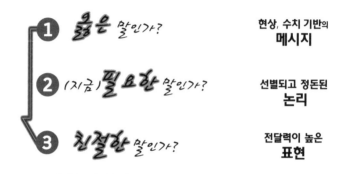

좋은 보고서는 세 가지 요소로 완성됩니다.

현상과 수치 기반의 입증 가능한 '메시지'

필요한 내용으로 선별되고 명확한 흐름으로 정돈된 '논리'

바로 이해가 되고 즉시 확인할 수 있는 수준의 전달력 높은 '표현'

위 그림처럼

좋은 소통을 위한 '옳은 말', '필요한 말', '친절한 말'은

좋은 보고서를 위한 '메시지', '논리', '표현'으로 연결됩니다.

여기에 덧붙여 다른 조사 결과를 보여드리겠습니다.

이는 제가 겪어보고 만나보았던 경영진들에게 들었던

내용이기도 하고,

제가 10년 넘게 강의 현장에서 보고서를 코칭할 때에도

확인했던 현상이기도 합니다.

아래의 그림과 같이 나쁜 보고서는 일곱 가지 특징이 존재했습니다.

그리고 이러한 나쁜 보고서가 가진 공통된 취약점은

세 가지로 정리됩니다.

	취약점/문제의 원인		
	메시지	논리	표현
분석과 접근이 편협하거나 깊이가 얕은…	●	◐	
실무자의 의견/해석이 없이 팩트만 나열한…	●	●	
쓸데없이 분량이 많고, 의미 없는 디테일만 살아있는…	●	◐	
메시지 간 흐름과 연결이 약해서 논리가 없는…	◐	●	◑
동일한 내용이 반복되고 겹쳐있는…		●	●
내용이 괜찮아도 정돈되지 않아 알아보기 힘든…	◐		●
쓰여진 문장이나 단어가 구체적이지 못한…	◐	◐	●

이처럼 '메시지', '논리', '표현'은 보고서의 핵심이자

취약점의 근원입니다.

이 세 가지가 동시에 높은 수준이어야 보고서가 살 수 있고
이 중에 하나라도 무너지면 보고서가 망하는 겁니다.

그래서 이 책에서도 보고서 검토를 위한 3대 영역을
'메시지', '논리', '표현'으로 구분하여 핵심 노하우를
제시하고자 합니다.
다만, 이 세 영역은 따로 움직이는 것이 아니고
서로 연결되어 있습니다.

메시지, 논리, 표현의 긍정 상호 작용

메시지 검토 방식에서 다루었던 내용이 논리 검토 단계에서도
영향을 미치고 표현 검토에도 등장하게 됩니다.

'메시지', '논리', '표현'은

상호 보완적(Mutual Complement)이며,

상호 호혜적(Mutual Benefit) 관계입니다.

좋은 메시지가 선정되었다면

논리나 표현이 쉽게 무너질 수 없습니다.

또한 좋은 논리적 전개는 메시지가 이미 잘 선택되었음을 의미하며,

표현 작업도 자연스럽게 잘 이루어도록 합니다.

반대로, 메시지가 흐리멍텅하면

논리도 미흡하고 표현도 같이 허술해집니다.

무너진 메시지 속에서 좋은 논리가 나올 수 없으며,

표현의 질도 낮을 수밖에 없습니다.

이처럼 보고서를 구성하는 세 가지 요소인 '메시지', '논리', '표현'은

한 몸같이 움직이는 것이라서 함께 망하거나, 함께 흥합니다.

'메시지' 검토하는 법

보고서를 지배하는 6대 메시지

보고서에는 보통 6가지 메시지가 존재합니다.

먼저 6가지 메시지의 역동을 개략적으로 먼저 설명하고

이후에 각 메시지의 검토 방법을 세부적으로 소개하겠습니다.

보고서 6대 핵심 메시지

'목적/배경'은 보고서의 도입이자 서론입니다.

이 과제가 설정된 이유를 명확히 하여

문제 해결의 당위성을 부여합니다.

'상황/문제점'은

현재의 상황과 부족함, 개선 필요점을 언급하면서

문제를 적나라하게 지목합니다.

변화와 개선이 필요한 상태를 제시하면서,

당면한 문제를 방치하거나 외면해서는 안 된다는 점을 강조합니다.

'근본 원인 분석'은 다양한 현상과 문제를 정리하고 곰곰히 생각하여

문제를 일으키는 근원적인 원인을 밝히고 대처할 포인트를 밝혀냅니다.

'왜 그런 것인지', '무엇이 어떻게 변화되어야 하는지'에 집중합니다.

'접근 방향, 목표 설정'은 문제의 원인을

건설적으로 변화시키기 위한 지향점을 잡습니다.

실행의 바탕이 되는 전략을 설정하고

과제를 통해 만들고자 하는 수준도 지정합니다.

'실행 방안' 은 말 그대로 현장에서의 실행 계획입니다.

큰 계획과 세부적인 진행이 동시에 존재하며,

실행 과정에서 필요한 자원이나 소통 계획을 명시합니다.

'확대/사후 관리 활동'은 실행 이후 한 수 더 나아가 보는 것입니다.

실행 과정과 결과를 추적하고 더 효과적인 방향을 모색합니다.

6가지 메시지는 대부분의 보고서에 포함되어 스토리를 형성합니다.

과제 상황에 따라 메시지의 비중은 달라질 수 있지만,

기본적으로 항상 존재합니다.

보고서 6대 메시지 간 역동

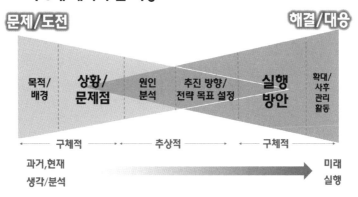

6가지 메시지들 사이에는 보이지 않는 역동이 존재합니다.

위 그림을 기준으로 설명해 보겠습니다.

첫 번째, 스토리의 진행

문제와 도전 상황에 대한 언급을 시작으로 하여

오른쪽으로 갈수록 이를 해결하고 실행하는 것으로 풀어냅니다.

두 번째, '구체성'과 '추상성'의 역동적인 상호작용

구체적인 팩트에 기반한 문제로 시작하여

추상적인 분석과 해석의 영역으로 들어가 방향을 잡고

다시 구체적인 실행 내용으로 전개됩니다.

세 번째, 시제의 흐름

과거와 현재의 시제로 시작하여 점차 미래의 영역으로 넘어갑니다.

근본 원인 분석에서 접근 방향으로 넘어갈 때

과거가 미래로 변경되는 시제의 전환이 있습니다.

네 번째, Scope의 변화

상황과 문제점 영역에서는 넓고 다양한 관점으로 접근하다가

몇 가지 핵심 원인에 집중합니다.

이후에는 대응 전략과 방향을 선별적으로 발굴하여

이를 여러 형태로 펼쳐진 실행 계획으로 전개합니다.

마지막으로, 양대 축의 존재

6가지 메시지 중에 주된 것은 '상황/문제점'과 '실행 방안'입니다.

그래서 앞의 그림에서도 두 가지 메시지를 크게 부각시켜

표현했습니다.

나머지 메시지들이 중요하지 않다는 것은 아닙니다.

두 메인 메시지를 옆에서 도와주며 당위성을 더 높여주는

존재들이므로 생략해서는 안 됩니다.

이제부터 6가지 핵심 메시지를 하나씩 심층적으로

들여다보겠습니다.

'목적/배경' 메시지 보는 법 정말 필요한가?

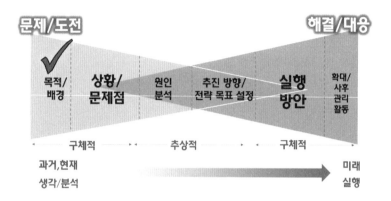

보고서에 과제의 필요성과 배경, 취지를 설명하는 단락은
스토리의 'Intro'에 해당합니다.

'목적/배경'은

이후에 나오는 문제점, 접근 전략과 실행의 바탕을 깔아주는 기반입니다.

그래서 허투루 쓰면 안 됩니다.

하지만 많은 보고서에서 '목적/배경' 단락이 폄하되어

기록되어 있습니다.

실무자들은

"어차피 내가 하자고 한 일도 아니고 위에서 시킨 일이니

왜 해야 하는지 제대로 쓸 필요가 없다"고 생각하기 때문에

'목적/배경'을 일명 '병풍' 정도로 치부합니다.

그러다 보니 대충대충 설렁설렁 씁니다.

'목적/배경'은 보고서에서 다루는 모든 메시지의 토양과 같습니다.

컴퓨터로 따지면 '메인 보드(Main Board)'(다른 말로 Mother board)

같은 겁니다.

(컴퓨터에는 CPU, 파워 서플라이, DRAM, 그래픽 카드, SSD, HDD 등 수많은

부속 제품들이 들어있다. 그런데 이런 부품들이 서로 따로 놀 수는 없는

노릇이라, 각 부품들을 하나로 연결해 주는 회로와 밖으로 신호를 보낼 수 있는

출력 포트를 가지고 있는 부품이 필요한데, 이 기능들을 가지고 있는 부품이

바로 메인 보드이다. 출처: 나무위키)

'목적/배경' 단락에서 제일 많이 발견되는 오류는 일명 '뜬구름'입니다.

이는 목적이나 취지, 배경을 과격할 정도로

거창하고 대단하게 포장하거나,

문제나 실행에 직결되지 않는 거시적인 내용을 쓰는 것을 말합니다.

이를 약간 어려운 말로 '거대 담론(Metadiscourse)'이라고도 합니다.

예를 들어보면 이렇습니다.

구분		거대담론식 배경,목적
과제 상황 1	작업장 내 에어컨 신규 교체	글로벌 Re100 정책에 동참하기 위해…
과제 상황 2	추석 명절 선물 지급	그룹 비전2030의 일환으로…
과제 상황 3	영업 사원 포상	영업 부문 글로벌 스탠더드를 도입하기 위해…

위 예시처럼 과대 포장한 '목적/배경'이 기록된 보고서가 많습니다.

또한 (거대 담론과 유사한 오류인데) '홍익인간(弘益人間)'형

'목적/배경'도 자주 보입니다.

널리 인간을 이롭게 하라는 단군의 건국 이념과 같이

"아무튼 있으면 좋다", "필요한 것 같다" 식의 허황된 메시지는

'목적/배경'으로 부적합합니다.

필요성과 상황을 명확하게 지목하지 않고

두루두루 모두 다 좋을 것 같은 만병 통치약 같은 '목적/배경'을

피해야 합니다.

보고서의 '목적/배경' 단락을 검토하는 할 때에는

그럴듯하지만 구체적이지 못하거나

있어 보이지만 현실과 동떨어져 있지 않은지 확인해 보아야 합니다.

바람직한 '목적/배경' 메시지의 이해를 돕기 위한

세부 메시지와 대표 문장을 소개하겠습니다.

메인 메시지	세부 메시지
목적,취지	금전적, 재무적 개선/강화
	제도적, 기업 문화적 개선/강화
	기술적, 업무적 개선/강화

- ~을 하면 무엇이 궁극적으로 좋아지는가?
- ~을 이루고자 하는가?

'목적(취지)'는 '직접적 지향점, 개선점'이 핵심 포인트입니다.

보고서에 기록된 과제 추진을 통해 만들고자 하는

변화된 모습과 성공한 모습이 담겨 있어야 하며,

실행 계획과 직접적으로 연결된 상태나 수준을 작성해야 합니다.

목적/취지에는 어떤 세부 메시지가 존재하는지

문장 예시를 들어보겠습니다.

'금전적, 재무적 개선/강화'는

이 과제를 실행하면 얼마나 돈이 되는가를 나타내는
메시지입니다.

과제 수행을 통해
매출이 증대되는 수치, 비용이 절감되는 수치 등을 보여주되,
금전이 발생하는 기간을 한정하는 것도 필요합니다.

문장으로 작성된 예
- ○○상품의 매출 3억 증가, 시장 점유율 10% 증대가 가능한
  기회임(~25년까지)
- 1년 내 ○○부문의 기존 판관비 30% 감축이 절실함
  (맥킨지 진단 리포트 결과)
- 협력 업체의 납품 불량 건수를 50건/월 이하로 제어하여
  생산 효율화를 추구함

'제도적, 기업 문화적 개선/강화'는

이 과제를 실행하면 업무 방식, 직원의 몰입도가 얼마나
좋아지는가를 나타내는 메시지입니다.

정량적이고 수치적인 매출 증대, 비용 절감의 목적도 있지만

'정성적인 이득'이 더 부각되어야 하는 과제가 있습니다.

업무의 저변 마련이나 조직 문화적인 기반 확보 등,

당장 수치로 보이지 않지만 미래 준비의 목적을 가진 과제의

필요성을 강조하는 경우에 활용되는 메시지입니다.

문장으로 작성된 예

- 전 직원 ○○부문 만족도/몰입도를 전년 대비 30% 증진하고자 함

- 신임 팀장의 성과 관리를 위한 환경적 발판을 제공함

- 기술직원 이탈률을 10% 이하로 제어할 수 있는 문화적 기반을 마련함

- 품질 관리 ○○절차의 중복을 집중 개선하여 ○○생산 효율화의

  초석을 마련함

'기술적, 업무적 개선/강화'는

이 과제를 실행하면 무엇이 확보/개선되는가를 나타내는

메시지입니다.

지금 당장의 가시적 이익보다는

미래를 대비하거나 준비(Readiness)하고,

향후를 위해 효율과 효과를 높이는 개선을 보여주어

과제의 의의를 부각시키는 메시지입니다.

문장으로 작성된 예

- ○○부문 원천 기술의 근간을 확보하여

  기술 로열티 비용(연 ○○억 원)을 절감할 수 있음

- ○○공정의 ○○프로세스를 개선하여

  동종 업계 평균 ○○수치를 달성함

- ○○상품의 관련 지표(매출 원가, 매익률, NPS) 측정 방법을 현실화함

메인 메시지	세부 메시지
배경, 필요성	**기존 선행 보고 내용**
	실무자의 과제 발제 이유
	내부 요구(경영진, 업무 현장)
	외부 요구(고객, 관청, 유관 업체)

- **~ 은 왜 해야 하는가?**
- **~을 안 하면 안 되는가?**

'배경/필요성'의 핵심 메시지는 '상황과 요구' 입니다.

리얼한 현장의 요구 사항, 문제가 나타나는 징후와 상황,

문제 해결되지 않으면 안 되는 이유를 위주로

현재 실정이 매우 구체적으로 작성되어야 합니다.

'배경/필요성'에는 어떤 세부 메시지가 존재하는지

문장 예시를 들어보겠습니다.

'기존 선행 보고 내용'은

이 과제와 관련한 기존 보고 완료 내용을 나타내는

메시지입니다.

이미 결재를 받았던 기획서의 큰 그림 속에 있는 실행 과제임을

제시하면 해당 보고서의 명분과 타당성이 높아집니다.

예를 들어 "최고 경영진에게 이미 허가된 사항이며

이에 대한 후속 조치임"과 같은 문구는

과제가 필요한 이유를 아주 강력하게 밀어줍니다.

문장으로 작성된 예

– 기존 ○○전략의 현장 적용 방안 중 2번째 단계임

– ○○프로젝트의 연결 과제로서 ○○을 후속 운영함

– ○○기술 검토 보고(25년 3월 CEO 결재 완료) 이후

　관련 ○○장비 설치를 진행함

'실무자의 과제 발제 이유'는

과제 담당자로서 피력하는 의견을 나타내는 메시지입니다.

실무 담당자로서의 신념, 개선 의지, 문제 제기를 보여주는 것으로

꼭 필요할 때에만 활용해야 합니다.

자칫하면 너무 주관적으로 비춰질 수 있으므로

최대한 객관화된 의견을 담아야 합니다.

문장으로 작성된 예

- ○○사고 원인에 대한 정확한 정돈, 기록이 필요함

  (향후 ○○감사를 대비하기 위함)

- ○○생산 방식의 현실 가능성을 재검토할 필요 있음

  (○○전문가의 공통 의견임)

- 현재 신규 입사자 OJT 기간은 ○○개월로 현장 업무 수행에

  차질을 준다고 판단함

- ○○프로젝트의 예산을 재검토하여 현실적 수준으로 조정해야 함

  (예산 부족 ○억)

'내부 요구(경영진, 업무 현장)'는
내부 이해 당사자의 기대와 요구(경영진의 지시, VOC)를
나타내는 메시지입니다.

경영진의 지시 사항, VOC(현장의 목소리, 요구)를 기록 할 때
"○○가 시켰다, ○○가 원하고 있다"라는 표현은
너무 소극적이고 수동적입니다.
경영진의 의중과 지시 배경, 현장 요구의 핵심을 잘 녹여서
문장으로 기술해야 합니다.

문장으로 작성된 예

– 기술계 우수 인력의 공격적 확보를 논의하였음(25년 10월 경영진 회의 중)

– 현장 ○○담당자의 80%는 ○○공정의 개선을 요구하고 있음

– ○○방식의 개선은 2025년 회장 경영 방침의 핵심 사항임

– 현재 전표 증빙 첨부 방식에 대한 전 직원 만족도는 30% 이하이며, …

'외부(고객, 관청, 유관 업체)'는

외부 이해당사자들의 요구, 문제 제기, 개선 희망 사항을
나타내는 메시지입니다.

과제의 필요성을 강조할 때 '외부 환경적인 요구 사항'도
의미가 있습니다.

다만 외부 이해 당사자들의 의견만 독립적으로 쓰기보다는

내부의 문제와 현장의 요구와 맞물리도록 하여

내·외부 의견의 균형을 맞추는 것이 중요합니다.

문장으로 작성된 예

– 새롭게 정립된 노동법 ○○조항에 대응하기 위해…

– ○○상품의 배송 과정 중 ○○단계에서

　고객 불만이 집중 제기되고 있음(재구매율 30% 미만)

– 관할 ○○지청에서 ○○건에 대한 권고 요청이 있음(공문 ○○○○○ 호)

– 관련 ○○협회 주관의 신규 협약에 따라⋯ ○○해야 함

(해외 영업 ○○전략과 연결됨)

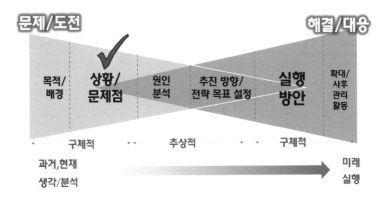

많은 보고서에서 '상황'과 '문제'를 동일하게 다루는 경우가
많습니다만, 두 메시지는 엄연히 다릅니다.

상황은 '사실형 메시지'이고 문제는 '설정형 메시지'입니다.

표면에 드러나는 모습과 피상을 담은 것이 '상황'이고,

이는 '팩트'이자 '상태'입니다.

여러 가지 상황을 종합하였을 때

개선해야 하거나 준비해야 하는 것이 '문제'이며, 이는 '설정'입니다.

제일 좋은 메시지 구성은

개선과 대응이 필요한 '상황' 몇 가지를 제시하는 동시에,

그래서 이것이 우리가 해결해야 하는 '문제'라고 지목하는 것입니다.

'상황/문제' 메시지를 검토할 때 유의할 점은 두 가지입니다.

**첫째, '팩트'나 '현상'이 아닌 '추측'과 '치부'로 기술되지 않았는지
점검해야 합니다.**

'상황/문제'는 확인 가능한 수준의 수치적 상태여야 합니다.

"~라고 함" 또는 "~일 수도 있음"이 아니고

"~임"이라고 단정할 수 있어야 진짜 상황입니다.

'상황/문제'는 일반적으로 '미달', '결핍', '요구', '필요'처럼

근거가 존재하는 상태 메시지로 기록됩니다.

둘째, 수준을 가늠할 수 있도록 작성되어 있어야 합니다.

'상황/문제'는 팩트가 최우선으로 중요합니다.

또한 '팩트'는 수치가 기본입니다.

그러므로 '상황/문제'는 형용사나 부사가 아니라

'콕 짚어주는 수준'으로 명확히 기술되어야 합니다.

"무엇이 얼마나?"의 질문이 나오지 않도록

매우 구체적으로 작성되어야 합니다.

즉, 무엇이 얼마나 미흡한지, 무엇이 얼마나 부족한지,

무엇이 얼마나 필요한지의 질문이 나오지 않는지

확인해야 한다는 겁니다.

예를 들면 '○○의 결핍'보다 '~이 ~만큼 부족한 결핍'으로

기록되어야 합니다.

바람직한 '상황/문제' 메시지의 이해를 돕기 위한

세부 메시지와 대표 문장을 소개하겠습니다.

메인 메시지	세부 메시지
상황/문제점	**주요 현상**
	핵심 Issue, 갈등, 분쟁(개선 필요점)
	(기존 계획의) 현재 진행 상황, 경과

- **현재 실제 모습, 근원점이 무엇인가? 정상적인 모습은 어때야 하는가?**
- **무슨 영역이 가장 문제가 되는가?**
- **무슨 영역에서 개선과 변화가 필요한가?**

'주요 현상'은

<u>목도(目睹)하고 있는 문제가 무엇이며</u>

<u>어느 수준까지 드러났는지</u>를 나타내는 메시지입니다.

문제를 팩트와 수치 중심으로 제시하며

경각심을 높여주기 위한 메시지입니다.

그러므로 현실 상황 속 원인을 분리해 내고,

현상을 먼저 제시하는 것이 중요합니다.

원인과 현상을 같이 언급하기보다는

여러 현상을 먼저 제시하고 나중에 공통된 원인을 들어올려야

더 논리가 살기 때문입니다.

문장으로 작성된 예

- 현장 기술 인력의 ○○%가 ○○의 문제를 지적하고 있음

    (최근 3년간 동일한 현상)

- ○○상품의 매출 하락이 3년간 연속 발생하였음(매년 5% 이상 하락)

- 이후 ○○개월간 생산 가능한 재고만 보유하고 있음

    (2026년 계획 매출의 차질 발생)

- ○○상품의 인지도는 동종 업계 평균(13%%)에 비해 절반 수준임

'핵심 Issue, 갈등, 분쟁(개선 필요점)'은

가장 논란이 되는 영역, 갈등의 중심, 결핍 상태를 나타내는

메시지입니다.

정량적이고 수치적인 문제보다는 정성적인 영역에 해당하며

갈등의 발생, 치열한 대립 상황을 중심으로 언급합니다.

문장으로 작성된 예

– 리더와 구성원의 갈등은 '업무 지시 영역'에서 가장 높게 나타남

  (3년간 업무 지시 만족도 3.0)

– ○○부문에 대한 양사 합의점을 발굴하지 못했음

– 생산 본부와 마케팅 본부의 ○○갈등은 매출 하락(전년비 5% 감소)으로

  연결되고 있음

– ○○원료의 수급은 매우 불안정(구매 가격 30% 변동)하고

  ○○사의 가격 횡포(납품가 10% 상향)가 지속되고 있음

'(기존 계획의) 현재 진행 상황, 경과'는
<u>전체 과정의 중간 상황, 현재의 정확한 상태</u>를 나타내는
메시지입니다.

보통은 프로젝트 수행 과정의 중간 보고를 진행할 때 많이 활용되며
돌발 상황, 변수가 발생했을 때 정확한 현장 상황 파악을 위해
등장합니다.
특히 좋지 않은 큰 문제가 발생했을 때에는
매우 중요하고 크게 다루어집니다.

문장으로 작성된 예

– ○○사고의 인명 피해는 ○○명(사망 ○명, 중상 ○명)으로 집계됨

- ○○물류 창고 화재의 피해는 생산 차질 ○○○개,

  원재료 소실 ○○억 원임, 현재 잔불 진화 중

- 코로나로 인해 베트남 정부는 무기한 셧다운을 발표하였으며

  ○○제품의 수출이 중단되었음

  (향후 2개월간 지속 예상함/당분간 일 단위 보고 예정)

- ○○프로젝트는 현재 ○○단계를 수행 중

  (전체 공정률 65%, 계획 대비 10% 빠른 속도임)

- 전일부터 22시부터 노사 토론 재개되었으며,

  현재 장기 근속자 포상 방안에 대해 논의 중임

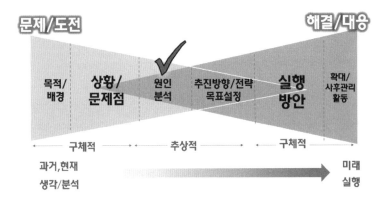

'(근본) 원인 분석' 메시지가 생략되는 경우가 많습니다.

'상황'과 '문제'는 팩트입니다.

팩트가 나열되기만 하면 보고서의 가치가 떨어집니다.

나열된 팩트는 남의 이야기 같기 때문입니다.

이를 우리 조직에 맞춤형 이야기로 바꾸기 위해서는

'분석'과 '해석'이 들어가야 합니다.

이것이 왜 문제이고 무엇이 진짜 원인인지,

그래서 우리는 무엇에 집중해야 하는지를

짚어내는 단락이 '근본 원인 분석' 메시지입니다.

품의(기안)서 같은 가벼운 단순 실행의 보고서라면,

'원인 분석' 메시지가 생략될 수 있지만

기획서 같이 큰 덩어리의 과제를 다루는 경우에

'원인 분석' 메시지는 필수입니다.

사실 '원인 분석' 메시지는 기획서의 꽃이라 할 수 있습니다.

실무자의 혜안과 날카로움을 뽐낼 수 있는 승부처이기 때문입니다.

'원인 분석'에서

그동안 놓쳤던 조직의 공백과 무방비 상태에 허를 찌를 수 있고,

눈에 보이지 않았던 오류를 드러낼 수도 있습니다.

'원인 분석' 메시지는

'연결성(Interlinkability)'을 중점으로 들여다보는 것이 좋습니다.

'원인 분석' 메시지 검토 시에 참고할 수 있는 사례를

다음 쪽의 그림으로 정리해 보았습니다.

'상황/문제 – 원인 – 판단'은 서로 연결되어 있으면서

'수렴화(Narrow Down)'되어야 합니다.

제시된 '상황/문제' 속에서 '원인'이 찾아져 있어야 하며

그 원인을 기반으로 한 '판단'과 '인사이트'가 있어야 합니다.

정확하고 현실적인
상황/문제의 기술이 없음

문제의
원인 분석, 정리가 없이
해석을 시도함

문제를 해결하기 위한
판단, 인사이트가 없음

1번 사례를 보면

'상황/문제'가 제시되지 못한 상태에서

'원인'과 '판단'이 나올 수 없으니 메시지 연결이 무너지는 겁니다.

현실을 제치고 바로 해석과 추론은 나올 수 없습니다.

2번 사례는

'상황/문제'에서 바로 '판단'으로 진입하니

성급한 추론이 일어나는 겁니다.

이는 '원인'이 규명되지 않은 상태에서

대응 방향을 모색하는 것이므로 논리가 약해집니다.

3번 사례는 '상황/문제'의 '원인'을 찾아내기만 하고 멈추는 것으로

우리가 바라봐야 하는 핵심 쟁점 포인트나

우리에게 주는 의미가 미약하여

향후 실행 전략으로 연결하기 어려워집니다.

바람직한 '원인 분석' 메시지의 이해를 돕기 위한

세부 메시지와 대표 문장을 소개하겠습니다.

메인 메시지	세부 메시지
원인 분석	**내부 분석(People, Process, Product)**
	외부 분석(선진사, 경쟁사, 시장 동향, 정부 지침 등)
	종합 시사점
	통제 가능한 영역의 도출과 개선

- 문제의 핵심 원인은 무엇인가?
- 개선/변화의 중점 포인트는 무엇인가?

'내부 분석(People, Process, Product)'은

문제의 핵심 원인 규명을 위해

사람, 업무 방식, 상품/서비스 등의 수준을 분석한 결과를

나타내는 메시지입니다.

앞 단락에서 문제와 개선 필요 상황을 지적했다면

지금부터는 문제의 원인(Root Cause)을 규명하는 메시지입니다.

'내부 분석'에서는 원인을 찾기 위해

회사 내부를 진단하는 내용 중심으로 기술합니다.

그러므로 다른 세부 메시지에 비해 상대적으로 다양하고

깊이 있는 분석이 제시되어야 합니다.

최소 People, Process, Product 의 세 가지 요소별로

문제 원인을 구체화하는 것이 좋습니다.

그래야 다양하면서 균형감 있는 문제 분석이 됩니다.

문장으로 작성된 예(면접 방식 개선을 위한 문제 분석인 경우)

- 면접관의 숙련도 문제가 큼(면접관 경험 1년 미만자 50%)

- 구조화된 면접 질문이 부재하여 즉흥적 질문에 의존하고 있음

- 입사 지원자 대상 채용 정보 노출 방식에 문제가 있음

  (정보 취득 채널 80%가 지인 소개임)

- 다수의 퇴사자가 입사 전 업무 기대 사항과 입사 후

  실제 모습의 괴리를 지적했음

'외부 분석(선진사, 경쟁사, 시장 동향, 정부 지침)'은

동종 업계 동향 분석, 시장의 트렌드 변화 등을 통해

개선 여지를 나타내는 메시지입니다.

발생한 문제에 대한 외부 동향은 어떤지, 참고할 사례는 무엇인지

부연해 주는 메시지입니다.

또는 지금 발생한 문제가 아니더라도

미래의 경쟁력을 유지하기 위해

지금보다 더 나아져야 하는 명분을 강조하거나

상황 조사를 통해

당사의 개선 필요점을 부각하는 용도로도 쓰입니다.

일반적으로 '벤치마킹'이라고 부르는 용어로 치환됩니다.

외부 분석 메시지는 '고른 시야'와 '최신성'이 가장 중요합니다.

관련 산업군 전반을 봐야 하며

특정 경쟁사나 동일 산업 내 선진사는 필수로 담겨야 합니다.

또는 OECD, 맥킨지, 통계청과 같이

믿을 만한 기관 등에서 나온 조사 결과를 인용하기도 합니다.

당연히 그 동향의 자료가 오래되지 않은 가장 근래의 것이어야

가치가 있습니다.

문장으로 작성된 예

‑ ○○부문은 동종 업계 대비 20% 미만의 상품 회전율을 보이고 있음

‑ 동종 유통사의 대부분은 PB상품을 기획하여

　직접 생산 전략을 취하고 있음(20개 중 18개사)

‑ 국내 100대 기업의 80% 이상이 육아 휴직 1년을 의무 보장하고 있음

- Big3 회사는 중대재해처벌법 대응을 위한 TF를 마련하여
  별도 조직을 운영 중임

'종합 시사점'은
문제의 원인들을 종합적으로 집계/판단하여
정리한 결과를 나타내는 메시지입니다.

앞 단락에서 언급한 문제와 원인들을 관통하는
공통점을 도출하여 표현합니다.
심도 있는 접근을 통해 향후 전략 방향에 연결시키는 것이기 때문에
품의(기안)서 같은 단건의 일반 문서보다는
다양한 요소의 종합 검토가 필요한 기획서에서 많이 등장합니다.

'시사점' 메시지는 이후에 나오는 '전략, 접근 방향'의 복선이 되어야 하므로
이 둘 사이의 연결성이 높은지 점검해야 하며
과거의 성찰과 함께 '미래 전망'의 모습이 동시에 담겨야 합니다.

문장으로 작성된 예
- 생산 불량의 문제의 핵심은 이원화된 측정 방식, 원재료 부족,
  생산 인력 수준 미달에 기인함
  (중요도 순, 세부 문제 분석 결과는 별첨 참조)

- 해외 주재원의 리더십 성공은 결국 '이문화 이해',
  '현장 중심의 성과 관리'로 귀결됨
- 국제 유가 급등은 결국 당사의 ○○○, ○○○, ○○○의 피해를
  발생시키게 됨. 이에 대응하기 위해…

'통제 가능한 영역의 도출과 개선'은
통제 불가능한 영역은 차치(且置)하고
현재 제어 가능한 영역을 선별하여
현실적 실행을 추구하는 모습을 나타내는 메시지입니다.

'우리가 지금 할 수 있는 것'에 집중하기 위해 쓰는 메시지입니다.
문제가 심각하거나 변수가 폭넓게 작용할 때,
또는 긴급성이 높아 지금 당장 우선 처방을 하고
향후 과제를 긴 호흡으로 해결해야 할 때 활용됩니다.

이 메시지는
'우리가 해야 하는 것'에서
'할 수 있는 것', '먼저 해야 하는 것'으로
과제의 영역을 좁히는 것입니다.
그러므로 선별을 너무 공격적이지도 않고
반대로 너무 소극적이지 않도록 유의해야 하며

선별의 기준을 함께 제시함으로써 정당성을 확보해야 합니다.

문장으로 작성된 예

– 과속 근절을 위해 자동차 속도 제어 환경(심리적, 물리적)에

　보다 집중하고자 함

– 임직원 조직 만족도 강화를 위해

　금전적 보상보다는 문화적 차원에 우선 집중하여야 실효성이 높음

– ○○공장의 개선은 장비 무인화, 고급 인력 배치보다는

　'낭비 원료 최소화', '불량률 제어'에 집중하는 것이 가장 현실적임

'추진 방향/전략, 목표 설정'
메시지 보는 법

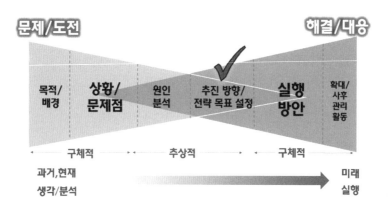

'추진 방향/전략'과 '목표 설정' 메시지가 누락된 보고서도 많습니다.

"~이 문제입니다. 그러니 ~하겠습니다" 식으로

이미 답은 정해져 있다는 듯이 밀어붙이는 것은

너무 가볍고 실행 중심으로만 치우친 메시지 전개입니다.

이는 건별로 업무를 쳐내는 단발성 보고서에만 가능합니다.

액션만 있는 계획은 단순하고 미약한 일회성 조치일 뿐입니다.

전략과 지향점이 있어야 이른바 그림을 그리는 겁니다.

실행은

일차원적인 '점'이 아닌 이차원적인 '선'이어야 하고

이차원적인 '선'보다는 삼차원적인 '입체'면 더 좋고

삼차원적인 '입체'에 사차원적인 '시간'의 개념이 들어가면 최고입니다.

그러므로 기획성 보고서라면 전략, 지향점을 설정하는 메시지가

꼭 들어 있어야 합니다.

'방향/전략−과제−실행'이 무난하게 연결되어 있는지

검토해야 합니다.

'방향/전략'은 무엇을 중점으로, 무엇을 우선적으로 할 것인지를

정하는 것입니다.

더불어 '목표'는 어떤 수준의 상태를 만들 것인지,

어떤 수준의 변화를 일궈낼 것인지 정하는 겁니다.

전략과 목표를 같이 설정해야 과제가 도출되고,

과제가 있어야 실행 계획이 마련됩니다.

'방향/전략/목표−과제−실행'은 밀착 연결되는 동시에

수렴화(Narrow Down)되어야 합니다.

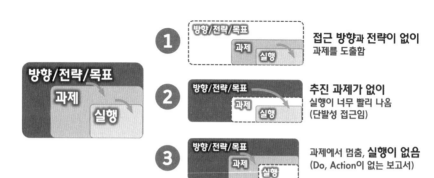

'방향/전략/목표 - 과제 - 실행'의 연결성이 떨어지거나

수렴화(Narrow Down)되지 못하는 세 가지 사례를 보겠습니다.

위 그림에서 1번 사례를 보면

'방향/전략/목표'가 제시되지 못한 상태에서

'과제'와 '실행'을 선정한 것입니다.

과제도 없이 실행으로 직행하는 보고서가 많습니다.

'방향/전략/목표'도 없고 과제도 없는데 무엇을 실행하는 것은

과녁 없이 허공에다 화살을 쏘는 것과 같은 겁니다.

2번 사례는

'방향/전략/목표'에서 바로 '실행'으로 점프하여 진입합니다.

궁극적으로 해내야 하는 과제가 정해지지 않으면

단발성 실행이 되므로

나중에 전체 퍼즐 맞추기가 완성되지 못할 수 있습니다.

3번 사례는 '방향/전략/목표', '추진 과제'를 찾아내기만 하고
멈추는 것이니 현실적인 추진이 어려워집니다.
보고서의 목적은 현실적 실행을 통한 성과 창출입니다.
해야 하는 과제만 뽑고 실행이 나오지 않는 것은
"열심히 잘해 보자"고 외치는 액자 속 구호입니다.

'방향/전략/목표'를 기반으로 중요한 과제를 도출하고
세부 실행으로 연결하는 과정이 사실 가장 어려운 작업입니다.
서툴게 작성된 보고서의 취약점이
이 지점에서 많이 발생하기도 합니다.
'방향/전략/목표-과제-실행'의 논리적 연결성을 높이기 위한
팁(Tip)을 소개해 보겠습니다.

1번 사례의 그림을 보면,
'파급 효과(무엇이 더 효과가 큰가?)'와 '시급성(무엇이 더 급한가?)'을
교차시켜서 당면 과제들을 도출하였고
과제별로 우선순위를 부여했습니다.
(이외에 '실행 용이성(무엇이 진행하기 쉬운가?)'을
기준으로 삼는 경우도 있습니다.)

① 과제 도출 및 전개 Case

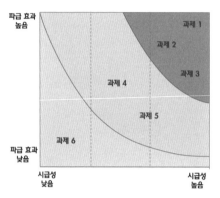

1단계 집중할 과제

	세부 설명	완료 기한	주관 부서
과제 1	…	…	…
과제 2	…	…	…
과제 3	…	…	…
…	…	…	…

2단계, 3단계 과제는
향후 별도 보고

오른쪽에는 도출된 과제를 이어받아

과제별 세부 실행 계획을 설명하고 진행 순서까지 제시하여

방향/전략/목표 – 과제 – 실행의 연결성을 견고하게 만들었습니다.

2번 사례는

전략적으로 집중할 포인트 2가지를 제시하고 나서

이 기준을 바탕으로 몇 가지 과제를 도출하여 실행으로 접근하는

방식입니다.

② 과제 도출 및 전개 Case

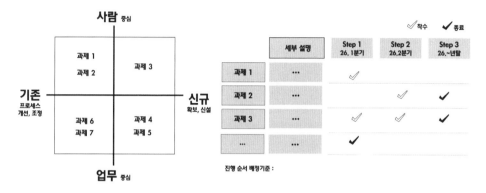

위 그림을 보면

중점 사항(사람 중심인가? 업무 중심인가?)과 시제(기존인가? 향후인가?)를

고려 요소로 정하고 나서 몇 가지 과제를 뽑아냈습니다.

오른쪽에서는 이 과제를 이어받아

과제별 진행 순서나 자원 투자의 비중을 정리했습니다.

이런 방식으로 접근해야 '방향/전략/목표 – 과제 – 실행'이

하나로 연결되는 구조를 형성하며

논리를 더 단단하게 펼칠 수 있게 됩니다.

바람직한 '추진 방향/전략/목표 설정' 메시지의 이해를 돕기 위한

세부 메시지와 대표 문장을 소개하겠습니다.

추진 방향/전략 목표 설정	프로세스 or 밸류체인 or 비즈니스 모델의 (재)정립, (재)설정
	회복 정상화 추구(현재의 단점, 리스크 보완)
	지속 성장 추구(현재의 강점 강화)
	기존과 크게 달라지는 점 N가지(As Is – To Be)
	목표 및 지향점(단기 – 중기 – 장기 / 정량&정성)

- 어떤 접근 방향이 있는가?(집중 포인트, 우선순위)
- 어떤 점을 집중 고려한 실행이어야 하는가?
- 어떤 수치/지표를 만들 것인가?
- 최종 개선/변화된 구체 모습은 무엇인가?

'프로세스/밸류체인/비즈니스모델의 (재)정립, (재)설정'은
향후 실행 전략, 거시적인 접근 모델이나 흐름을 나타내는
메시지입니다.

실행 항목이 많거나 복잡할 때는
디테일보다는 실행의 전체를 감쌀 수 있는 구조(Framework)를
먼저 설정하여 보여주는 것이 좋습니다.

이러한 메시지는 요소 간 관계가 복잡한 경우가 많으므로
문장보다는 모델을 보여주는 도형으로 표현하는 것을 권장합니다.

'업무 진행 흐름'의 개선/정립을 표현할 때에는

　　업무 프로세스Timeline Process, Circular Process

'필요한 기능별 상호작용'의 개선/정립을 표현할 때에는

　　밸류체인Value Chain

'가치 창출 과정의 전체 역동 구조'의 개선/정립을 표현할 때에는

　　비즈니스 모델Business Model로 표현합니다.

문장으로 작성된 예

– 신규 개편할 ○○매출 관리 방식은 총 5단계이며

　이 중 3단계 '유통사 POS 데이터 확인'에 집중 투자할 예정임

　(도형 병행: 5단계 프로세스 제시 후 3단계에 별도 표기)

– ○○상품 제조 공정의 Digital Transformation은

　A공정 영역을 1단계, B공정 영역을 2단계로 구분하여 순차 진행함

　(도형 병행: 전체 제조 로드맵과 A, B영역 구분된 그림)

'핵심 성공 요소 도출과 대응'은

당면 문제를 타파할 수 있는

집중 공략 포인트 2~3개와 방법을 나타내는 메시지입니다.

기획서에서 가장 많이 등장하며

당면한 문제, 상황의 원인과 이유를 종합적으로 고려한 결과를
기반으로 문제의 근원을 해결할 성공 핵심 포인트를 제시합니다.

핵심 포인트의 적절 시점을 구분해 보면
직면한 문제 해결의 핵심 포인트는 현재나 단기 미래에 맞춰져야 하고
성공적 변화/대응의 핵심 포인트는 단기와 중장기 미래에
맞춰져야 합니다.
즉, 지금 펼쳐진 문제의 해결은
시급하고 즉시 효과가 나도록 설정되어야 하며
향후를 준비하는 과제 대응의 핵심 포인트에는
긴 호흡의 장기적 계획이 반영되어야 한다는 겁니다.

또한 핵심 포인트를 도출할 때에는
제시된 문제 전체가 커버될 수 있도록
MECE(누락과 중복이 없는 상태)하게 설정되어야 합니다.

문장으로 작성된 예

- 경력 사원 퇴사율 감소를 위해 ①모집 방식 현실화, ②면접 방식 구조화,
  ③입사 후 케어를 집중 수행함
- ○○상품의 2025년 매출 강화 포인트는
  ①집중 타겟 고객 선정, ②마케팅 채널 다변화임

- ○○농산물 안정화를 위한 우선 과제는

  ①농가 대상 교육, ②묘종 개발, ③유통 방식 개선임
- 핵심 인재 선발을 위해서는 ①당사 미래 전략 수행의 필요 인력 산정,

  ②과학적 역량 측정 방식 도입을 선결해야 함

'회복, 정상화 추구(현재의 단점, 리스크 보완)'는
당사의 단점, 타사 대비 비교 열위의 개선과
예상되는 리스크의 대응을 나타내는 메시지입니다.

새로운 것을 신설하기보다는
당면 문제의 원인이나 기대치 미달 포인트를 제거/축소하기 위한
핵심 전략을 보여줍니다.
또는 벤치마킹 결과로 발굴된 당사의 약점을 평균 수준으로
회복하기 위한 '정상화(Normalization)' 전략을 담기도 합니다.

다만, 정상 회복, 평균치 달성이 목적이더라도
너무 소극적이지 않도록 설정하는 것이 필요합니다.
문제 상황을 원점으로 회복하는 것뿐만 아니라
이후 재발을 방지하는 것, 지금보다 더 나은 수준을 만드는 것이
진짜 전략입니다.
모든 전략과 목표는 미래를 지향하여 설정해야 합니다.

문장으로 작성된 예

– 진단 결과 문제가 제기된 전환율을 우선 높이기 위해

　　○○, ○○, ○○을 추진함

– 지역 행사 시 상습 문제였던 주차 문제를 개선하고자

　　금번에는 ○○○을 중심으로…

– 타사 대비 가장 낮은 수준인 해외 매출 비중(3% 미만)을 높이기 위한

　　전략으로… 3가지 접근을 시도함

– ○○장비 교체의 핵심 위협은 '기존 장비와 낮은 연동성'과

　　'적시 AS 불가'임. 이에 대응하기 위해…

– 새벽 배송 ○○서비스 사업은 택배사와의 갈등, 신선 상품 조달이

　　대표적 문제임(벤치마킹 결과). 이에 대응하기 위해…

– ○○공장 부지 확보 추진 시 필수 고려 사항은

　　①부동산 투기 오해 근절, ②관청 인허가 확보, ③환경 문제 해결임

'지속 성장 추구(현재의 강점 강화)'은

지금의 우위, 장점을 강화하여

더 큰 격차를 만들기 위한 전략을 나타내는 메시지입니다.

지금의 강점과 차별화된 이점을 더욱 견고하게 만드는

방안을 보여줍니다.

지금보다 조금 더 잘하는 것보다는

적용 영역의 확대, 새로운 확장, 지속 가능한 강점 확보 등의
목적으로 설정되어야 더욱 강력한 메시지입니다.

문장으로 작성된 예

- 당사의 높은 브랜드 인지도를 활용하여

  메타버스상 ○○스토리, ○○세계관을 구축함. 이를 위해…

- 당사의 ○○개발 기술 노하우를 정립/확대하여,

  관련 정부 기관과 협업 비즈니스를 추진함

- 자동차 메이커로서 보유한 조립 기술, 부품 모듈 유통망을 기반으로

  중고차 산업에 진출하여…

- A계열사의 ○○공정에 B계열사의 ○○포집 기술을 결합하여

  ○○산업의 경쟁력을 선점할 수 있음. 이를 위해…

'기존과 크게 달라지는 점 N가지(As is – To be)'는
지금의 문제와 향후 개선된 상태의 차이점을 나타내는
메시지입니다.

새로운 것을 도입하면 예전과 무엇이 크게 달라지는지,
지금의 문제가 어떤 상태로 바뀔 수 있는지를 주장하면서
실행된 계획의 생생한 모습과 명확한 방향성을 보여주어야 합니다.

달라지는 점은 '실적'보다는 '성과'의 구체 모습을

제시하는 것이 좋습니다.

○○건수, ○○진행 횟수, 매출액○○ 증가도

개선되고 달라진 모습이지만,

이를 통해 변화되는 점, 개선되는 점, 새롭게 가능한 점 등을

수치로 형상화하는 것이 진짜 '성과'입니다.

또한 가능하다면 문장보다는 '전후 비교표'를 활용하는 것도 좋으며

왼쪽에 Before, 오른쪽으로 After를 배치해야 합니다.

문장으로 작성된 예

‒ 물류 체계 단순화로 인한 개선의 모습은 아래와 같음

  투입 인건비(8억→5억), 운영 프로세스(5단계→3단계/○○, ○○ 삭제),

  물류비(원가 30%→23%)

‒ ○○공장 디지털 트윈 도입으로 공장가동률 개선(87%→95%),

  재해 감소(평균 연 13건→연 2회 이하)가 가능함

‒ 면접 방식 개선 프로젝트를 통해 다음의 변화가 있을 것임

  ▪ 신규 확보/신설: 상황별 면접 질문 Set, 면접관 매뉴얼,

    실무진 토론 면접

  ▪ 조정/현실화: 채용 공고 방식(홈페이지→SNS)

  ▪ 삭제/폐지: 자격 가점 제도, 자기 소개서 중 지원 동기 항목

'목표 및 지향점(단기-중기-장기/정량&정성)**'**은

과제 수행과 문제 해결을 통해 달성하고자 하는 상태를

나타내는 메시지입니다.

최대한 구체적인 모습으로

'어떤 지점에 도달할 것인지'를 보여주어야 하며

수치 표현이면 Best, 어렵다면 정성적으로라도

실제 장면을 형용할 수 있습니다.

설정된 목표를 검토할 때에는

'돈/시장(기술)**/고객'과 관련한 수치가 꼭 반영되도록 해야 합니다.**

정량적 목표라면

매출 확대, 원가 절감, 시장 점유율, 신규 고객 확보, 오류 건수 등이

예가 될 수 있고

정성적 목표라면

기반 마련, 고객 범위 확장, 리스크 저하, 적용 범위 확대,

프로세스 축소 등이 예가 될 수 있습니다.

문장으로 작성된 예

- 수입산 ○○농산물의 비중을 45% 이하로 유지 가능함(현재 53%)

- 2026년도까지 ○○본부 매출액 50억, 영업 이익 13% 달성을 목표로 함

- 외부 전문 협력사를 20개 이하로 축소/관리하고,

  2026년까지 ○○ 기능의 내부화를 완성함

- ○○상품 재고 소진율을

  '3월 내 30%, 6월 내 80%, 9월 내 전량'으로 설정함

- 새로운 영업 관리 제도를 통해

  전년비 '매출 15% 상승'과 '브랜드 매니저' 체제를 실시함

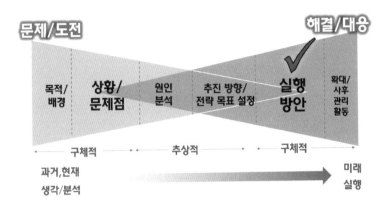

실행 방안을 검토할 때 제일 중요한 요건 두 가지를

충족하는지 봐야 합니다.

실행 방안이 가져야 하는 요건 첫 번째는 '구체성'입니다.

손에 잡히는 계획이 '진짜 계획'입니다.

그렇다면 어떤 것이 가짜 계획일까요?

형용사나 부사가 포함된 실행 방안 메시지는 가짜 계획입니다.

'효율적 진행', '체계적 대응', '적극적인 활용' 같은 불분명한 표현은

정확한 실행을 추적하지 못합니다.

실행 방안에 등장한 형용사, 부사는 보고서의 가치를 떨어뜨립니다.

실행 방안은 '의지의 표현'이 아니고 '예상된 팩트'여야 합니다.

실행 방안이 가져야 하는 요건 두 번째는 '연결성'입니다.

문제를 해결하고, 목적을 달성하는 것이 진짜 계획입니다.

보고서 앞 단에서 언급한 문제, 위험, 지향점은 실행의 과정을 통해

해결되거나 달성되어야 합니다.

"○○ 실행을 ○○까지 하면 ○○는 달성되겠구나."

이러한 생각이 들 수 있는 정도의 인과적 연결이 명확한지

집중적으로 검토해야 합니다.

문제와 실행이 따로 움직이는 보고서가 의외로 경우가 많습니다.

예를 들어보겠습니다.

퇴사자의 급증 원인이 상사의 리더십 문제인데

면접관 교육 강화로 풀어내려 한다거나

매출 하락의 핵심 원인이 경쟁사 신제품 출시인데

원가 절감을 메인 대응책으로 제시하거나

생산 수율이 떨어지고 있는데

생산 라인 당직자 인수 인계를 철저히 하는 것으로

해결책을 제시하는 경우

이런 앞뒤가 안 맞는 상황이 일어나는 이유가 무엇일까요?

우리는 보고서를 작성하는 과정에서 자기가 제일 잘할 수 있는 것으로 마무리하려는 본능이 생깁니다.

그러다 보니 보고서에서 문제나 상황을 객관적으로 잘 정리했어도, 결국 실행 장면의 메시지에서는 자신의 전문성을 뽐내는 방향으로 귀결되는 경우가 많습니다.

실행 방안은 실무자 개인의 성향, 전문성, 담당 업무에 함몰되면 안 됩니다.
보고서를 검토할 때는
제시된 계획들이 설정된 문제를 해결하는 '본질적 실행'인지 지속적으로 확인해야 합니다.

바람직한 '실행 방안' 메시지가 무엇인지 잘 이해할 수 있도록 세부 메시지와 대표 문장을 소개하겠습니다.

	개략적 진행 개요 (주체, 기간, 장소, 비용, 실행 행위 등)
(세부) 실행 방안	실행 Activity 세부 설명
	대상 및 실행 주체(R&R)
	Time Line(PDCA)
	총 소요 비용(직·간접비용)
	추가 참고 사항, 고려 사항
	상대에 대한 요청 사항(구체 행동)

- 어떤 큰 진행 계획이 있는가?(Mega Process)
- 각 실행 요소는 구체적으로 어떻게 정리되는가?
- 효율적으로 실행하기 위해서는 어떤 것이 전제되어야 하는가?

'개략적 진행 개요(주체, 기간, 장소, 비용, 실행 행위 등)'는

진행 활동의 전체 개요를 나타내는 메시지입니다.

'진행 개요'는 실행의 형상을 보여주는 것으로

너무 깊게 파고들어갈 필요가 없으며,

보고서 앞 단의 내용 중 배경, 목적, 추진 전략 등과

최대한 일치되어야 합니다.

다양한 항목을 가벼운 수준에서 동시에 다루는 메시지이기 때문에,

구분 항목이 5개 이상이 된다면

문장보다는 표(Table) 중심의 표현이 좋을 수도 있습니다.

문장으로 작성된 예

– 신학기 마케팅 행사의 진행 개요

　· 일시: 2025년 2월 1일 ~ 2025년 3월 31일(총 2달간)

　· 대상: 초, 중, 고, 대학교 입학자(입학 서류 제출자)

　· 내용: ○○상품 구매 시 15% 할인(통신사 등 중복 할인 불가)

　　　　/매장 방문에 한정함

　· 홍보: 전국 지점 입간판 부착/SNS 홍보 예정

　· 비고: 전년 동일 기간 대비 30% 매출 증대 예상(약 15억 추가 매출)

– ○○지역 공사 현장 ○○사고 대책 본부 운영 방안

　· 기간: 현장 상황 종료 시까지(약 3개월 예상)

　· 투입 인력: 대책 본부장 외 실무 관련자, 홍보팀 등(총 7인)

　· 운영 방식: 정부○○부처, 119구조대, 당사 책임자의

　　　　　　즉시 정보 공유와 현장 대응 논의

　· 기타: 천막 5개 동/주요 현황표, 현장 복구 인력 휴식 지원 사항

　　　　세팅 등(총무팀 협조)

'대상 및 실행 주체(Role & Responsibility)'은
<u>수행 활동의 대상자 또는 실행자의 역할 구조</u>를 나타내는
메시지입니다.

'대상자'는 실행 행위의 타겟, 수혜자를 나타내는 것이며
'실행 주체'는 직간접적으로 과제에 참여하는 인원입니다.
수행 과정이 복잡다단하다면
실행 주체의 주요 R&R까지만 표현하는 것이 좋으며,
R&R(역할 분담 상황)의 세부는 별첨으로 배치해야 합니다.

문장으로 작성된 예

- (혹한기 독거 노인 물품 지원 정책 수행 시)

    · 적용 대상: 각 지역 자치 단체에 사회적 약자로 등재된 독거 노인

            (약 5만 명 추산)

    · 실행 체계: 주관/재원) 행정자치부 ○○부문

            현장 실행) 행정복지센터 사회복지 부문 담당자

            물품 관련) 조달청 ○○부문

- 그룹 2030 비전 리뉴얼 프로젝트 추진 R&R 편성

    · 총괄) 그룹 전략팀장(○○○전무)

    · 실무) 1단계: 계열사별 전략 담당자/인사 담당자 각 1명

            (총 10명/재직 5년 이상 과장급)

    · 실무) 2단계: 재무팀/마케팅팀/홍보팀(인력 추가)

    · 실무) 3단계: …

– ○○재난 소상공인 ○○지원 정책 대상 구분

　·1차 대상: 요식업/유흥업 월 매출 ○○○액 이하 사업장

　　　　 사업주(국세청 등록 기준)

　·2차 대상: 숙박 레저업 월 매출 ○○○액 이하(선정 기준 위와 동일)

'실행 Activity 세부 설명'은
실행/운영에 대한 구체적 소개를 나타내는 메시지입니다.

개략적 진행 개요 중 실행 내역을 좀 더 설명해야 할 때 등장하며

경영진에게는 생소한 업무건이어서 구체적 수행 모습에 대해

설명이 필요할 때 활용합니다.

아주 깊은 내용까지 다루지 않는 선에서

손에 잡히는 설명이 되도록 신경 써야 합니다.

세부 디테일은 별첨으로 뺄 수도 있습니다.

문장으로 작성된 예

– 그룹 AI 적용 위원회 소집(3월 15일) 후 전문가 특강을 진행함

　향후 사업 부문별 AI 적용 가능성 도출 방안 수렴 후

　최종 전략을 수립할 예정임(4월 내)

　(주최: IT혁신팀, 전략기획팀/외부 전문가 : ○○대학 ○○○교수)

- 태국 협력 업체 방문(3월 15~18일)은

  생산 공정 확인, 당사 기술 이전 가능성, 현지 인력 수준 점검을 중심으로

  진행할 예정임(현지 주재원 사전 협조 요청 완료, 출장 계획서 별도 보고 예정)

- ○○장비 점검은 하계 휴가(공장 셧다운) 기간 동안

  기술 기획팀, 설비 관리팀의 최소 인력 3명씩 편성하여 진행할 예정임

  (총 20시간 소요 예정)

'Timeline(PDCA)'은
운영 활동의 시간 계획을 나타내는 메시지입니다.

보고서 메인 페이지에 존재하는 타임라인은

큰 단계별 핵심 활동만 소개하면 됩니다.

전체 활동 기간 중 핵심이 되는 단계를

일명 '마일스톤Milestone'이라고 합니다.

이러한 '마일스톤'을 설정할 때에는 PDCA의 흐름을 적용하는 것도

좋은 방법입니다.

일반적으로 프로젝트의 수행은

Plan(계획), Do(실행), Check(확인), Adjust(조정, 리뉴얼)의 단계를

거치면서 진행됩니다.

이러한 4단계의 큰 계획의 덩어리만 이해할 수 있도록

메인 페이지에 기술하고

세부 활동 계획별 시간 흐름은 보통 간트 차트^{Gant Chart}로 표기하여

별첨으로 이동시키는 것이 좋습니다.

문장으로 작성된 예

– (~4월 15일) 현장 문제 상황 검토 및 개선 계획 수립

– (~5월 30일) ○○생산 공정 시범 적용

– (~6월 5일) 적절성 검토, 당사 최적화 방안 도출 및 ○○납품사에

　　　　　조정 요청

– (~8월 말일) 최적화된 원재료 상태 검증 및 원재료 납품 시작

　　　　　(○○년 말까지 완료)

– 1단계/~5월) 기획 운영사 선정(A, B, C사 중),

　　　　　벤치마킹(해외: ○○/국내: ○○)

– 2단계/~7월) 연출 컨셉과 운영 방식 최종 선정, 전문 아티스트 발굴

– 3단계/~10월) 시공 및 전시 준비 완료(11월 중 Pilot Test)

– 4단계/11월~) 전시(~○○년 1월) 및 주요 피드백 수집

　　　　　(SNS, 공중파 뉴스 중심)

- 1차 샘플 상품 개발 완료, 관능 테스트 및 시장 점유율 예측(~○○까지)
- 제휴사, 제조사 확인 및 선정(A, B, C 기준 중심/ ~○○까지)
- 시제품 제조(○○○개) 출시 후 시장 반응 주시(~○○까지)
- 최종 상품 인허가 등록 및 포트폴리오 확장 전략 수립(~○○까지)

'총 소요 비용(직, 간접비용)'은
예산 활용 및 비용 지출 또는 비금전적 자원 투입을
나타내는 메시지입니다.

총 투입되는 실사용 비용은 물론
필요에 따라서는 전체 가용 예산 규모, 활용하는 계정 과목,
금액 근기를 표시합니다.

전체 금액과 금액 비중이 큰 일부 항목만 기술하고,
세부 내역은 별첨으로 가야 합니다.
또한 당장 집행되는 비용이 아니더라도,
간접적인 투입 비용이 크거나 기회비용의 포기의 규모가
심하게 발생한다면 보고서 본문에 기록될 필요가 있습니다.

문장으로 작성된 예

– 총 소요 비용은 3억임

　(시설 임대 1억, 외주사 운용 1천만, 전문가 섭외 3천/일반 관리비 예산)

– 향후 5년간 총 ○○억 투입됨

　(○○부문 ○억, ○○부문 ○억/1단계 ○억, 2단계 ○○억)

– 학자금 지원 규모는 ○○억이며 각 교육청 ○○예산으로 집행됨

– 실무진 집단 토론 면접 제도 신설로 인해 회당 3백만 원의

　인건비가 투입됨(간접 비용, 부장급 2시간 인건비 기준)

'추가 참고 사항, 고려 사항'은
결재자에게 주지시켜야 하는 별도 사항, 특별 사항을
나타내는 메시지입니다.

비즈니스 상황 속 루틴은 반복되는 유사한 형태를 보여
충분히 예측이 가능합니다.
그러나 과제의 특수성이 있는 경우에는
다시 한번 별도로 기록하여 주지 사항을 확인시켜 주어야 합니다.

만약, 기획서 같은 중요 문건이라면,
의사 결정이 일률적이거나 관례적이지 않도록
실무자의 '의견 첨언 행위'가 있어야 합니다.

또는 공문같은 대외적인 전달 문건이라면,

해당 문건에 어떤 특수성이 있는지 정확한 공지가 포함되어야

합니다.

문장으로 작성된 예

- 본 납품 계약건은 ○○영역에만 한정한 부분 적용이며,

   ○○까지로 한시적임(향후 추가 보고 예정)

- 본 프로젝트는 2025년 회장 경영 방침 중 3번째 항목의 테마 과제임

- ○○감독원의 ○○판단 결과에 따라 향후 축소/변경될 수 있음

   (○월 최종 판별됨)

- ○○예산 전용 집행은 CEO의사 결정 사안임

   (경영 관리팀과 사전 협의 완료)

'상대에 대한 요청 사항(구체 행동)'은

경영진 또는 보고서의 독자에게 요청하는 행위, 도움을

나타내는 메시지입니다.

실행을 더욱 효율적으로 진행시키기 위해 필요한 것이 있다면

이를 의사 결정자에게 정확하게 요구하는 것도 좋은 태도입니다.

업무에는 실무자가 할 일이 있는 동시에

결재자가 지원해 줄 사항도 있기 때문입니다.

공문서인 경우, 상대 부서의 협조가 필요하다면
상대에게 요청하는 행위가 아주 구체적으로
명기되어 있어야 합니다.

문장으로 작성된 예

– ○○프로젝트에 필요한 본부별 우수 인력 배정이 필요함

　(경영진 회의 시 언급 요망)

– 본 건은 지역별 ○○공장의 적극적 협조가 필수임

　(1분기 공장 순방 시 실무자 동행 필요)

– 다음 중 일정을 선정하여 체크 요망

　(□ 1월 5일~6일, □ 1월 11일~12일, □ 2월 6일~7일)

– 팀별 워크숍 결과물의 메일 회신을 요청함

　(2월 15일까지/별도 기록 양식 참조/담당자: 조직 문화팀 ○○○)

– 본부별 채용 인원 산정 후 회신 요망(2026년 사업 계획 기준/10월 5일까지)

　※ 해당 인원의 충원 이유와 필요 스펙을 매우 구체적으로 기록 필요

　(본 기록물 기반으로 채용 담당자와 미팅 후 채용 인원 확정 예정)

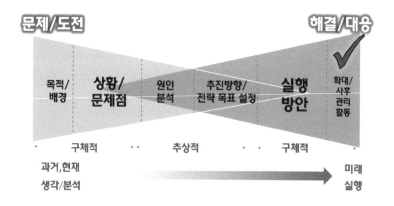

세상에 일회성으로 끝나는 일은 별로 없습니다.

우리의 업무는 유사하게 다시 반복되기도 하고,

다른 부서와 연결되어 확대되기도 합니다.

따라서 보고서를 검토할 때에는

일회성 업무가 아닌 궁극적 성과로 가는 과정까지 기록되어 있는지

확인해야 합니다.

보고서 메시지에는 일명 '뒷심'이 있어야 합니다.

'뒷심'은 마지막까지 흐트러짐 없이 최선을 다하는 것을 말합니다.

확대/사후 관리 활동의 핵심이 바로 '뒷심'입니다.

'뒷심'은 보고서에서는 '해낸다'에 해당하는 메시지입니다.

보고서는 '한다'보다 '해낸다'가 더 중요합니다.

'한다'는 눈으로 보이는 단기적 성격의 '실행'이지만

'해낸다'는 지향하는 변화된, 이룩된, 개선된 '상태'를 말합니다.

앞서서 살짝 언급했었던,

실제 업무 현장에서 많이 사용되는 'PDCA'라는 접근법이 있습니다.

('PDCA'는 미국 통계학자이자 엔지니어링 관리학의 창시자인

월터 슈하트(Walter A. Shewhart)에 의해 창시되었고

에드워즈 데밍(W. Edwards Deming)에 의해 다듬어진 품질 향상 방법론이며

토요타의 생산성과 품질을 향상시키는 전략의 핵심 철학이기도 했습니다.)

'PDCA'는 Plan－Do－Check－Act(Adjust)의 약자인데

계획(Plan)하고 실행(Do)하며 그 과정에서 나오는 결과를

평가(Check)하고 개선(Adjust)하는 과정이 반복되면서

최적화를 추구하는 방식을 말합니다.

우리의 보고서는 계획(Plan, Do)에서 멈추지 말아야 합니다.

실행 과정과 결과에 대한 점검과 성찰(Check)과

개선/조정(Act, Adjust)이 받쳐주어야

실행 계획이 진가를 발휘할 수 있습니다.

보고서에 기록된 계획이 제대로 가는지 확인하는 장치,

계획이 완료된 후에 기대했던 성과가 나왔는지 확인하는 장치,

획득한 성과를 더욱 견고하게 만들 수 있는 장치가 있어야 합니다.

그래야 '뒷심'을 발휘할 수 있습니다.

우리가 '뒷심'을 확인할 때 제일 중요한 점검 포인트는

'확보할 데이터가 명확히 기술되어 있는가'입니다.

모든 업무는 흔적을 남기며, 그 흔적이 바로 데이터입니다.

업무가 시작되면 '어떤 데이터를 모아서 무엇을 확인할 것인지'에 대한

후속 계획이 있어야 '뒷심'이 있는 보고서입니다.

당연히 수치적 데이터가 최고이지만,

그럴 수 없는 업무라면 정성적 데이터도 충분히 의미가 있습니다.

바람직한 '확대/사후 관리 활동'메시지가 무엇인지

잘 이해할 수 있도록 세부 메시지와 대표 문장을 소개하겠습니다.

(다만, 이번에는 업무가 종결된 이후에 작성하는 결과 보고에 해당하는

메시지도 같이 기록되어 있음을 고려하여 주십시오.)

(시행 전) **사후 관리 활동 계획** / (시행 후) **결과 성찰**	실행 후 예상 결과
	진행 후 모니터링 방안
	진행 경과(주체, 기간, 장소, 비용, 실행 행위 등)
	진행 후 성찰 내용(향후 개선 계획)
	현장의 의견
	전후 비교(Before Vs. After)
	비용 대비 효과성

- 어떤 최종 변화를 기대하는가?
- 실행이 성과로 연결되도록 어떤 노력을 더 할 것인가?

- 어떠한 결과물이 나왔는가? 정말 효과가 있었는가?
- 어떤 교훈을 얻었고, 앞으로 어떻게 더 잘할 것인가?

'실행 후 예상 결과'는

수행 이후 발생하거나 달성할 것으로 기대하는 모습/수치를
나타내는 메시지입니다.

보고서의 달성 목적, 기대 효과보다 상대적으로 작은 개념으로,

"진행되면 어떤 상태/수치가 될 것이다"의 의미입니다.

해당 과제의 단기적인 수행 결과를 미리 예시하는 메시지로서

보통 실행 품의(기안)서에 자주 활용합니다.

만약 보고서 앞 단락에 주요 목적/달성 목표가

뚜렷하게 기술되어 있다면

이 세부 메시지는 사용하지 않는 것이 좋습니다.

문장으로 작성된 예

– 본 제도(주4일제)가 적용되면 하반기 업무 환경 만족도는

0.5Point 상승할 것으로 예상함

– 연구소 ○○장비 리뉴얼로 인해 실험 측정 소요 시간은

기존 대비 30% 축소될 것임

– ○○지역단 FP상담 실무 교육은 월별 고객 가입 건수 3건(개인당)

증가를 목표로 함(실행 3개월 후 측정 후 재보고 예정)

– 본 이벤트로 인해 향후 객단가는 현재 대비 15% 증가될 것으로 추정함

'진행 후 모니터링 방안'은

진행 완료 이후 특정 결과나 지표에 대한 추적과 관리를
나타내는 메시지입니다.

업무는 항상 연속적이므로 일회성으로 종결되는 것은 아닙니다.
단건의 '작업'은 종료되지만, 큰 성과 개념의 '임무'는
즉시 종결되지 않습니다.

업무 완벽성을 좀 더 기하기 위해
단기 실행 이후 후속으로 추적하고 관리해야 하는 업무 계획은
보고서에 같이 기록되는 것이 좋습니다.

문장으로 작성된 예

– 임원 영어 튜터링의 효과성 측정을 위해

　6개월 후 개별 영어 인터뷰를 진행함

– 향후 탄소 중립 기술 혁신 기업을 매년 선정하여

　포상 및 우수 사례를 발굴/공표할 예정임

– 5대 유통사의 과대 포장 방지 준수 방법을 추가 확인 후

　당사 방침에 재반영할 예정임

– 리더십 교육 결과의 현업 적용성은 교육 3개월 후

　심층 인터뷰(약 10명) 진행 후 재측정함

‘진행 경과(주체, 기산, 장소, 비용, 실행 행위 등)’는
진행 완료한 업무의 실행 내역을 나타내는 메시지입니다.

(업무 시행이 종료되고 난 후) 결과 보고의 메인에 등장하는 메시지로서,

예측, 의견이 아닌 원래 계획 대비 실행한 경과를

있는 그대로 기록합니다.

만약, 계획 대비 다른 점이 있다면 별도 표기하여야 합니다.

보고서에서 기록되는 결과는

무조건 ‘계획 대비 결과’여야 하기 때문입니다.

문장으로 작성된 예

- 신학기 마케팅 행사의 진행 경과
    - 일시: 2025년 2월 1일 ~ 3월 31일(총 2달간)
    - 대상: 전국 기준 총 3,500명 참가(초, 중, 고, 대 입학자)
        /전년비 13% 하락
    - 실적: ○○상품의 매출액 28% 증가(총 152억 매출/매익률 20%)
    - 기타: 전국 지점 입간판 부착/SNS 홍보 총 35회

- ○○지역 공사 현장 ○○사고 대책 본부 운영 경과
    - 기간: 2025년 3월 1일 ~ 4월 5일(약 1개월)
    - 투입 인력: ○○본부장, ○○팀장 상근/비상근 실무자 약 14명
        (세부 사항 기록 일지 별첨)
    - 사용 경비: 총 1억 5,600만 원
        (현장 부스 설치비 및 운영비, 부상자 치료비 등)
    - 협업 부서: 정부○○부처 ○○담당자, ○○지역 119,
        ○○지역 동사무소
        (향후 별도 감사 공문과 ○○회사 협조 물품 송부 예정)

'진행 후 성찰 내용(향후 개선 계획)'은
업무 진행 전반에 대한 성찰과 회고를 나타내는 메시지입니다.

진행 경과가 팩트 위주의 사실적 확인을 기록하는 반면,
진행 후 성찰 내용은 업무 실무자로서 가진 회고와 성찰을
기록하는 것입니다.
업무 진행 이후의 고찰과 교훈까지 결과 보고에 등재되어야
'미래 지향적 보고서'라 할 수 있습니다.

문장으로 작성된 예

– 행사 종료 후 현장 쓰레기 회수 단계에서 협력사의 철거 작업을
  직접 재확인할 필요 있음
  (총 ○○건의 민원이 발생함/관련 협력사에게 추가 조치 공문 발송함)
– 반품의 20% 이상은 사이즈 문제였으며 향후 관련 정보를
  더욱 세심히 노출해야 함
– 입사 지원서 등록은 마감일에 집중되어 서버 다운이 발생했음
  향후 서버 용량 증설 및 실무자 당일 철야 대기로 조치하겠음
– 주재원 파견 전/중/후의 3단계 케어 방안 도입을 적극 고려해야 함

'현장의 의견'은
수행 과정과 결과물에 대한 현장의 평가 이야기(VOC)를
나타내는 메시지입니다.

주관 부서가 가진 생각과 수혜자, 현장, 고객 등이 가진 생각이
일치하지 않는 경우가 있습니다.

'객관적인 성공'이려면 고객과 현장이 말하는 '긍정 평가'가
들어있어야 합니다.

또한 고객이나 현장으로부터 나온 정성적인 이야기와
정량적인 지표가 포함되어야
의미 있는 결과인지 판단할 수 있습니다.

문장으로 작성된 예

- 현장 직원의 금번 판촉 전략에 대한 긍정률은 30% 미만임

  (물량 조달 문제가 대표 원인임)

- 구매 고객의 긍정 평가는 78%, 순추천 지수(NPS)는 9.5임

  (세부 내역 별첨 참조)

- 직급 제도 통합에 대한 직원 의견은 '수평적 조직 문화의 가능성'을

  긍정 효과 1위로 선정했음

  다만 '보상 차별화'에 대한 보완을 요구하고 있음

'전후 비교(Before Vs. After)'는

실행 전후로 어떤 것이 바뀌었는지를 나타내는 메시지입니다.

업무로 인한 변화를 나타낼 때는

기존과 무엇이 어떻게 달라졌는지를 보여주는 것이

가장 명확한 방법입니다.

대표적 모습, 방식, 지표가 실행 이후 달라졌거나 개선되었다면

표시해야 합니다.

문장으로 작성된 예

– ○○장비 리뉴얼로 인해 ○○효율(15%→23%), 가동률(80%→85%)로

　개선되었음

– 안전 캠페인 이후 연간 안전 사고 건수는 월 5건에서 2건으로

　대폭 줄었음

– 바이럴 마케팅 시행 이후 가장 큰 변화는 아래 3가지로 귀결됨

　　①채널 다양화(4개 채널 확보), ②브랜드 인지도 상승(30P→45P),

　　③매출증대(15%↑)

– 면접 방식 개선 프로젝트로 인해

　　①면접 시간 증대(30분→60분),

　　②질문 방식(자유 질문→행동 질문/Pool 제공)이 변화되었음

'비용 대비 효과성'은

비용 집행이 가지는 의미 분석을 나타내는 메시지입니다.

금액의 집행에 대한 성찰은 결과 보고에서 매우 중요합니다.
'내 돈이 아니니 일단 되는 대로 썼다'는 이미지를 탈피해야 하고,
투자 대비 효과성을 성찰하고 이후 개선 여부를 담아주는 것이
필요합니다.

문장으로 작성된 예

- 총 금액 5억 5천 중 ○○부문 용역 비용(3억)은 향후 내부화를 통해
  50% 이상 줄일 수 있음
- 컨설팅사 외주 비용의 대부분은 초기 분석 단계에서 발생(60%)하였음
  데이터 분석 작업을 사전에 진행한 후 컨설팅사와 협업을 하면
  금액 절감이 가능함
- ○○지원 금액의 50%가 ○○부문에 사용되었음

  (예상한 지원 내역과 상이함)

'논리'
검토하는 법

무논리 4대 현상

보고서를 다루는 상황 속에서 많이 쓰는 말 중 하나가

"논리가 없다"입니다.

그래서 "보고서에 논리가 없는 것은 정확히 어떤 상태인가요?"라는

질문을 드리면 명쾌하게 답을 하는 분들이 많지 않습니다.

우리는 '어렴풋하게 뭐가 좀 안 맞는다',

또는 '앞뒤가 좀 이상하다'는 상태를

'논리가 없다'고 얼버무리며 설명합니다.

이는 명확한 정리가 아닙니다.

우리는 "논리가 없다"는 말을 아주 많이 쓰지만
실제 이 말의 뜻을 잘 모릅니다.
그저 느낌으로만 알고 있는 말입니다.

보고서를 쓰는 실무자 입장에서도
논리가 없는 것이 무엇인지 잘 모르고
보고서를 검토하는 리더 입장에서도
논리가 없는 것이 무엇인지 모릅니다.

그러다 보니 "논리가 없다"는 말을 자주 하지만
이를 개선하는 구체적 방법을 찾아내어 실천하지 못하는 겁니다.

이제부터 보고서에 논리가 없는 4가지 문제 상태가 무엇인지
그리고 어떻게 개선해야 하는지 소개하겠습니다.

논리가 없다는 것은 크게 4가지 상황을 말합니다.

논리가 없다는 것은…

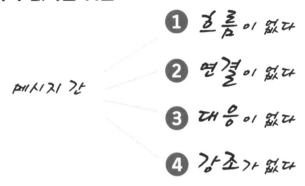

메시지 간
❶ 흐름이 없다
❷ 연결이 없다
❸ 대응이 없다
❹ 강조가 없다

첫째, '흐름'이 없다.

메시지가 앞뒤 없이 무질서하다는 말입니다.

메시지들끼리도 먼저 나와야 할 것이 있고

나중에 나와야 하는 것이 있습니다.

메시지에도 등장 순서가 있는데 이것이 무너지면 논리가 없는 겁니다.

둘째, **'연결'**이 없다.

메시지들끼리 따로 논다는 겁니다.

한 보고서에는 한 식구의 메시지만 존재해야 하는데,

이 집 저 집 식구들이 한 곳에 다 모여서

자기 목소리만 재잘대는

메시지의 짬봉 상태에서는 논리가 사라집니다.

셋째, '대응'이 없다.

메시지들은 서로 주거니 받거니 해야 합니다.

앞에서 '야호' 했는데

뒤쪽에서 생뚱맞게 '파이팅'을 외치면 안 됩니다.

메시지끼리는 메아리처럼 서로 바통을 주고받아야 합니다.

메시지가 마주보지 않으면 논리가 안 맞는 겁니다.

넷째, '방점'이 없다.

논리는 '선별'을 전제로 합니다.

중요한 것과 중요하지 않은 것 간의 차이가 있어야 합니다.

논리의 다른 모습은 '강조'와 '집중'입니다.

모든 메시지가 다 중요하다고 생각하여

이것 저것 분별없이 다 뿌려놓은 메시지에는

논리가 자리잡을 수 없습니다.

논리 점검 포인트 1   기본 흐름이 유지되는가?

메시지 간에 '앞뒤 흐름'이 없으면 논리가 없는 겁니다.

'구슬이 서 말이어도 꿰어야 보배'라는 속담이 있습니다.
보고서의 좋은 논리 구조를 표현할 때 딱 들어맞는 말입니다.
동일한 메시지여도 무엇을 먼저 소개하고 무엇을 더 많이
소개하는가에 따라서 전달력이 달라집니다.

'단어(Word)'가 모여서 '문장(Sentence)'이 되고
'문장(Sentence)'이 모여서 '문단(Paragraph)'이 되고
'문단(Paragraph)'이 모여서 '문서(Document)'가 됩니다.

작게는 단어, 크게는 문장 하나가 메시지이며
결국 보고서는 여러 메시지의 조합입니다.

메시지가 하나만 있는 보고서는 없습니다.
기록된 메시지는 모두 쓸모가 있어야 하는 것은 기본이고
메시지가 뒤죽박죽이어도 안 됩니다.
보고서의 메시지는 독립적이면서도 서로 연결되어 흘러야 합니다.

각 메시지는 그 자리에 있어야 하는 이유를 댈 수 있어야 합니다.
다른 메시지보다 앞에 또는 뒤에 있어야 하는 이유가
분명해야 합니다.

사전적 정의를 떠나 이해하기 쉽게 설명해 본다면
'논리'는 '메시지의 전후 관계' 즉 '흐름'입니다.
메시지들끼리 앞뒤가 없고 흐름이 없는 '중구난방'식 보고서는
논리가 없는 겁니다.

예를 들어, 식당에서 코스 요리를 먹는다고 생각했을 때
디저트가 제일 먼저 나오고 그다음에 에피타이저 나오고
가장 마지막에 메인 요리가 나오면
앞뒤 없이 마구잡이식으로 때려먹는 식사가 되는 겁니다.

메시지에 '흐름'이 있어야만
기승전결(起承轉結)이 생기고
비로소 스토리(Story)가 생기고
서사(Narrative)가 흐르는 겁니다.

보고서를 읽는 사람으로 하여금
다음의 추임새가 나오도록 만드는 것이 '흐름'입니다.

"음, 그렇지, 그래서, 그렇군….."

"오케이, 이 말을 하려고 앞쪽에 이 내용을 보여줬구나!"

"아, 앞에서 ○○가 제일 문제라고 했으니

이제 ○○를 해서 개선하겠다는 거구나!"

'그물이 삼천 코라도 벼리가 으뜸'이라는 속담이 있습니다.

출처 : unsplash

위의 사진처럼 '벼리'는 그물의 위쪽 코를 꿰어 매는 줄을 말합니다.

어부는 벼리를 잡아당겨서 그물을 오므리거나 펴는 것을 조절합니다.

몇천 개, 몇만 개의 그물 매듭이 있다 하더라도

결국은 '벼리'를 통해서 큰 그물이 통제되는 겁니다.

마찬가지로

우리가 쓰는 보고서에 있는 단어가 몇천 개이고 문장이 몇백 개여도

이를 관통하는 메인 흐름에 의해 통제되는 겁니다.

보고서에도 메인 흐름,

즉 논리 구조를 잡아주는 기본 흐름과 골격이 있는데

이게 바로 '벼리' 같은 역할을 하는 겁니다.

보고서의 '벼리',

모든 메시지를 통제하는 핵심 골격과 기본 흐름은

'Why-What-How' 입니다.

세상에 있는 그 어떤 보고서도 'Why-What-How'의 뼈대를 유지합니다.

이 3단 뼈대는 절대로 흔들리지 않습니다.

요즘 말로 '국룰(國+Rule)'에 가깝습니다.

무엇을 먼저 배치하고, 무엇을 많이 작성해야 하는지를 정하고

메시지 간 상호 연결 상태를 설정하는 최적 흐름 구조가

'Why-What-How'입니다.

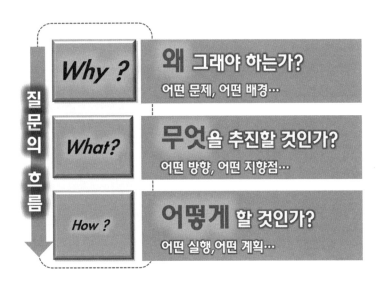

좋은 보고서의 본질은

상대의 궁금함, 상대의 질문에 답을 제시해 주는 것에 있습니다.

그러므로 메시지 또한 질문에 대응하는 흐름으로

설정되어 있어야 합니다.

'Why-What-How'는 의사 결정자 또는 독자, 고객이

메시지를 접할 때 생기는 기초적인 질문 흐름이기도 합니다.

논리를 위한 기본 흐름 'Why-What-How'를 단락별로

하나씩 들여다보겠습니다.

Why는 '왜 이 보고서를 읽어야 하는지' 설정해 주는 단락입니다.

왜 필요한 것인지, 왜 문제인 것인지, 왜 중요한 것인지

소개하는 메시지입니다.

Why는 보고서 대단원의 서막을 열어주는 것이면서

관심을 유도하고 집중해야 하는 이유를 알려주는 첫출발입니다.

Why는 'Problem'과 'Needs'를 설정하는 곳입니다.

What은 '무슨 해결 방향이 있고 무슨 목적과 목표를 설정할 것인지'
알려주는 단락입니다.

무엇이 근원적 해결 방향인지, 무엇이 집중해야 할 포인트인지,

무슨 수준을 만들 것인지 소개하는 메시지입니다.

What은 'Insight'와 'Target'을 설정하는 곳입니다.

마지막 How는 '어떻게 실행할 것인지' 안내하는 단락입니다.

어떻게 실행할 것인지, 어떤 계획이 있는지,

어떤 자원을 투입할 것인지 설정하는 영역이며

How는 'Plan'과 'Action'을 설정하는 곳입니다.

이 내용을 정리해 보면 아래의 표가 만들어집니다.

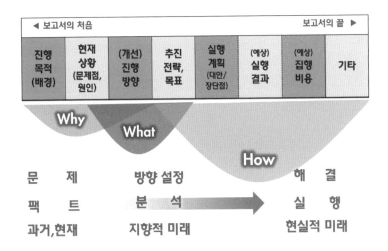

'Why' 단락에는
중요성을 부각할 때 '목적(취지)'이나 '배경',
필요성을 부각할 때 '상황'이나 '문제점'의
메시지가 많이 등장합니다.

'What' 단락에는
필요 상황이나 문제 상황을 돌파하기 위한 '접근 방향'과
향후에 이를 실행하는 밑그림이 되는 '추진 전략'의
메시지가 많이 등장합니다.

'How' 단락에는
추진 전략을 기반으로 실제 실행하게 되는 모습과 자원 투입,
실효성을 제시하는 '실행 계획', '예상 결과', '비용', '기대 효과'의
메시지가 많이 등장합니다.

또한 'Why'가 과거, 현재의 시제를 가진 메시지라면
'What & How'는 현재에서부터 미래의 시제를 가진 메시지입니다.
달리 설명해 보면
'Why-What-How'는
과거-현재-미래의 시간을 관통하면서 과제 상황을 정리하는
기본 흐름입니다.

보고서 중 빈번하게 발생하는 논리 오류 중 하나가
'Why-What-How의 흐름 중에 무의식적으로
'What'을 삭제하는 것입니다.
따라서 보고서를 검토할 때 'What'이 흐리거나 누락되지 않았는지
면밀히 볼 필요가 있습니다.

'What'은 인체로 따지면 '허리'이며, '코어 근육' 같은 겁니다.
문제와 해결을 연결해 주면서
사실이 분석을 통해 실행으로 연결되도록 하는

'다리(Bridge)' 같은 것입니다.

그래서 'What'이 생략되면 '논리적 비약'이 발생하게 됩니다.

예를 몇 가지 들어보겠습니다.

보고서에 **"What이 없다"** 는 것은…

Why? 왜 해야 하는가?
어떤 것에 무슨 문제가 있는가?

❶ *매출이 30% 내려갔어요*

❷ *고객이 OO가 불만이래요*

❸ *OO장비가 자꾸 고장나요*

How? 그것을 어떻게 실행할 것인가?

판매 방식을 바꿀게요

원하는 대로 해줄게요

OO부품 사서 고칠게요

위의 그림처럼

매출이 30% 하락했다고 해서 즉각 판매 방식을 바꾸는 접근은

성급합니다.

매출이 하락한 이유를 분석해야 합니다.

상품의 문제인지, 판매 방식의 실수인지, 계절적 요인인지,

경쟁 상품의 출시로 인한 것인지 명확히 밝혀야 합니다.

문제 원인이 설정되어야 해결책이 의미를 갖습니다.

고객이 ○○가 불만이라면 무엇이 불만이고, 왜 불만인지
분석해야 합니다.
기술 문제인지, 제품 마감 문제인지, 서비스나 태도의 문제인지,
비용의 문제인지 근본 원인을 밝혀야 실행이 유효해집니다.

마지막으로 ○○장비가 고장난다면 무엇이 정리되어야 할까요?
어떤 고장인지, 공정 중에 어디에 집중되는지, 고장의 원인이
무엇인지, 정비 불량인지, 장비 노후화인지 또는 작동 실수인지 등을
파악해야 수리 방법이 의미가 있습니다.

'Why-What-How'는 논리와 맥락을 만드는 한 몸입니다.
그러나 일반적으로 보고서에서 'What'이 누락되어 있거나
약한 경우가 많습니다.
보고서 검토 단계에서 이를 집중 체크하고 보완해야 합니다.

워크숍을 통해 만난 실무자들에게
'What'이 생략된 이유를 물어보면,
가장 많은 원인으로 꼽히는 것이 바로
'How를 먼저 정해놓고 보고서를 작성'하기 때문입니다.

실행하고자 하는 'How(○○할게요!)'를 먼저 정해놓고,

억지로 'Why(왜 해야 하는지, 왜 필요한지)' 메시지를 거꾸로 설정하면,

'What(무엇이 원인이고 집중 방향인지)'이 사라지게 됩니다.

보고서의 논리는 위에서부터 아래로 흘러야 하며,

그 원활한 흐름과 연결은 'Why-What-How'입니다.

논리 점검 포인트 2　　　　　　맥락이 있는가?

메시지에 '맥락'이 없으면 논리가 없는 겁니다.

'맥락'이라는 단어는 '혈맥 맥(脈)'과 '이을 락(絡)'의 한자로

구성되어 있습니다.

사전적으로 '사물 따위가 서로 이어져 있는 관계나 연관'이라는

정의를 가지고 있습니다.

맥락은 메시지의 '상호 연결 상태', '이음 상태'를 말합니다.

보고서의 메시지는 서로 '연결'되어 있어야 하며,

'상호작용(Interaction)'해야 합니다.

앞에서 제시된 내용이 뒤쪽의 내용과 서로 긴밀하게

이어져야 하는 거죠.

요즘 유행하는 표현을 빌리자면,

메시지의 '빌드업(Build up)'이 잘 되어야 한다고 할 수 있습니다.

메시지들이 서로 연결되어 조화롭게 흘러가는 상황을 점검하는 데

도움이 되는 툴(Tool)을 소개드리겠습니다.

이 툴은 보고서의 메시지들이 'Why-What-How'의 기본 흐름을

유지하면서도

상호 연결되고 있는지 확인하는 데 도움이 될 것입니다.

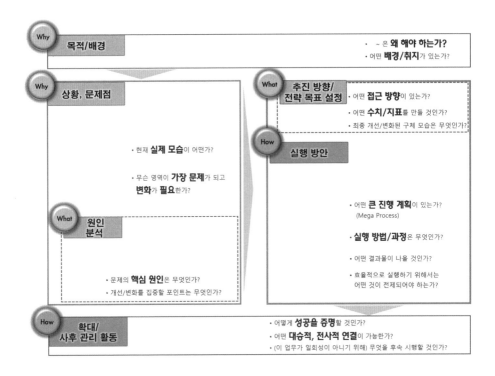

이 툴을 활용할 때는 직접 키워드로 작성하는 방식을 권장합니다.

메시지를 꾹꾹 눌러 쓴 후 눈으로 확인하면서

논리를 직접 점검하는 것이 가장 효과적입니다.

만약, 시간이 여유롭지 않다면,

각 칸의 메시지가 보고서에 문제없이 존재하는지
빗대어 대입해 보면서 점검하는 간접적 방법도 유용합니다.

각 칸별 메시지를 점검하는 방법은 앞 단락에서 자세하게 다루었으니
이제 전체 메시지의 연결성을 보는 기준을 소개하겠습니다.

보고서의 논리와 스토리(Story)는
(앞 표에 있는) 6가지 메시지가 서로 연결되고 협력하면서 형성됩니다.

'목적/(추진)배경' 메시지는
문제를 언급하는 이유를 제시하면서도,
이후에 나오는 실행의 지향점에도 영향을 미칩니다.
툴의 가장 상단에 배치한 이유는
모든 메시지를 아우르는 지붕 같은 역할을 하기 때문입니다.

'목적/(추진)배경'은 '상황/문제점'보다 큰 개념으로,
아직은 본격적이지 않습니다.
문제가 등장하기 위한 밑바탕을 깔고 분위기를 조성하기 위한 것이
이 메시지의 본질입니다.
따라서 후속의 '상황/문제점'과 메시지 연계성이 가장 커야 합니다.

**Working together works well,
with PlanB**

플랜비디자인은 조직개발 및 인적자원개발 컨설팅을 제공할 뿐 아니라, **HR전문 도서를 출판하고 있습니다.**
개인과 조직이 함께 성장하고 더불어 살아갈 수 있는 조직을 디자인합니다. 모든 고객이 플랜비와 함께하는
과정에서 성장을 경험할 수 있도록 돕습니다.

조직의 문제는 언제나 급하고 복잡해 보입니다. 우리는 단순히 현상을 수습하기에 앞서 유기적인
시스템 안에서의 근원적인 문제가 무엇인지 치열하게 고민합니다. 당장의 급한 일들로 인해 놓쳐버린
진짜 문제를 찾고 지속 가능한 변화를 디자인합니다.

---

1. 컨설팅

플랜비디자인의 일은 고객과 고객사의 임직원의 입장을 깊게 공감하는 것에서부터 시작합니다. 진정으로
개인과 조직을 성장시키기 위해 꼭 필요한 질문을 시작으로 각 고객사의 조직 경험을 디자인합니다.

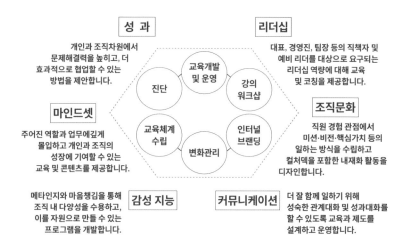

성 과
개인과 조직차원에서
문제해결력을 높이고, 더
효과적으로 협업할 수 있는
방법을 제안합니다.

리더십
대표, 경영진, 팀장 등의 직책자 및
예비 리더를 대상으로 요구되는
리더십 역량에 대해 교육
및 코칭을 제공합니다.

교육개발
및 운영
강의
워크샵
진단
교육체계
수립
인터널
브랜딩
변화관리

마인드셋
주어진 역할과 업무에 깊게
몰입하고 개인과 조직의
성장에 기여할 수 있는
교육 및 콘텐츠를 제공합니다.

조직문화
직원 경험 관점에서
미션·비전·핵심가치 등의
일하는 방식을 수립하고
컬처덱을 포함한 내재화 활동을
디자인합니다.

메타인지와 마음챙김을 통해
조직 내 다양성을 수용하고,
이를 자원으로 만들 수 있는
프로그램을 개발합니다.
감성 지능

커뮤니케이션
더 잘 함께 일하기 위해
성숙한 관계대화 및 성과대화를
할 수 있도록 교육과 제도를
설계하고 운영합니다.

---

2. HR 전문 도서 출판

다수의 **HR전문가**들과 함께 협업하며, 새로운 인사이트를 발굴하고, 출판합니다.
조직에서 도서를 더 잘 활용할 수 있게끔 다양한 활동을 지원합니다.

저자 및 도서를 연계한 특강 및 워크샵	조직의 학습문화를 위한 독서모임 퍼실리테이션
사내 도서관 큐레이션	'나인팀'을 통한 HRD(er)의 도서 공동 집필 프로젝트

plan b
DESIGN

'(현재) 상황/문제점'과 '원인 분석'은 한 몸입니다.

'문제'가 없으면 '원인 분석'의 대상이 없으며,

'원인 분석'이 없으면 '문제'는 '실행'과 연결될 수 없습니다.

'문제'는 '원인 분석'을 거쳐 '방향'과 '실행'으로 이어질 수 있습니다.

'원인 분석'은 문제를 정돈하고 수렴하여 만든 농축된 버전이지만

꼭 문제에서만 추출되는 것은 아닙니다.

목적하는 지향점에 도달하기 위해 참고해야 하는

다른 사례들까지 끌어들여야 '원인'+'분석'인 겁니다.

따라서 '원인 분석'은

앞으로는 '목적/배경', '상황/문제점'과 연결되고,

뒤로는 '접근 방향, 목표 설정'과 '실행 방안'을 바라보며

메시지의 허브(Hub) 같은 역할을 합니다.

'원인 분석'은 과거의 문제에서 출발하지만,

미래의 전략, 실행으로 가기 위한 새로운 길을 모색하는

중추적 역할을 합니다.

그래서 툴에서의 위치를 보면

문제에 종속되어 있지만, 목차의 분류로는

Why(왜 해야 하는지, 무엇인 문제인지)가 아닌

What(무엇을 해야 하는지, 무엇을 달성해야 하는지)으로
표기되어 있습니다.

'추진 방향/전략, 목표 설정'과 '실행 방안'도 한 몸입니다.
'실행 방안'의 계획, 방법, 결과물은
'추진 방향/전략, 목표 설정'의 메시지를 지향해야 합니다.

무엇을 할 것인지도 중요하지만,
그 전에 어떤 전략을 구사할 것인지를 설정해야 합니다.
예를 들어, 매출을 높이는 다양한 실행 활동이 있을 수 있지만,
한정된 자원으로 모든 것을 할 수 없으므로
선택과 집중이 필요합니다.
상품성을 높이는 전략, 판매 방식을 새롭게 하는 전략,
판매 인력을 보강하는 전략 등이 있을 수 있습니다.
이 중 최적의 전략 방향을 선정하고 거기에 부합하는
실행 계획이 뒤따라야 합니다.

'추진 방향/전략, 목표 설정'은 '실행 방안'을 품고 있어야 합니다.

또한 '실행 방안'은 '상황/문제점'과 가장 밀접하게
연결되어야 합니다.

이 계획이 실행되었을 때 직면하고 있는 문제가 정말 해결되는지
확인해야 합니다.

많은 보고서에서 문제와 실행이 따로 노는 경우가 많기 때문입니다.

(이 내용을 다음 장에서 자세히 다룹니다.)

마지막 '확대/사후 관리 활동'은 '목적/배경'과 대칭되어야 합니다.

후속 관리 활동은 단순한 이후 조치나 실행 보완책이 아닙니다.

이는 업무의 실효성을 높이는 전방위적 추적과 노력을 의미합니다.

즉 '목표 지향'이 아닌 '목적 지향적'이어야 합니다.

따라서 후속 관리 활동은 궁극적으로 추구했던 목적을
바라보고 있어야 합니다

그래서 이 틀에서도 '확대/사후 관리 활동'은

모든 메시지를 받쳐주도록 하단에 배치되어 있지만,

목적/배경과 대칭되도록 구성되어 있습니다.

이러한 6가지 메시지는 보고서에 항상 존재하면서

서로 조화롭게 연결되어야 하며,

이를 통해 논리와 스토리가 구축됩니다.

따라서 메시지의 삭제나 누락은 가급적 피해야 합니다.

다만, 상황에 따라 수위 조절이 필요할 수는 있습니다.

일부 메시지는 Light(가볍게)하게 작성하고,

일부 메시지는 Deep(심도 있게)하게 작성하는 유연함이 필요합니다.

우리는 종종 '조리 있다'는 말을 사용합니다.

"그 사람은 말을 조리 있게 잘해."
"조리 있게 잘 설명했네."

'조리'는 '가지 조(條)'와 '다스릴 리(理)'의 한자가 결합된 단어이며,
사전적 정의로는 '말이나 글 또는 일이나 행동에서
앞뒤가 들어맞고 체계가 서는 갈피'입니다.

쉽게 말하면, '조리'는 서로 대응하는 상태를 의미합니다.
즉, 보고서가 '조리'있는 상태란
앞에서 언급한 메시지가 뒤의 메시지와 딱 맞아 떨어지고
마주보는 형국을 만듭니다.

'맥락'이 메시지의 조화와 전체 연결성을 의미한다면,
'조리'는 '메시지 간 맞대응'입니다.

그렇다면 메시지 간 '조리'가 취약한 것이 무엇인지

몇 가지 사례를 들어 설명해보겠습니다.

문제–실행의 무대응
"조리 없음"

먼저 1, 2, 3번의 사례는 '조리'가 전혀 없습니다.

메시지의 앞뒤가 완전히 무너져서 보고서로서의 가치가

사라진 상태입니다.

'무조리'는 '무논리'입니다.

1번 사례는 문제를 언급하였으나, 그에 대한 해결책이나 실행 방안을

제시하지 않았습니다. 말 그대로 징징대는 보고서입니다.

예를 들어, 불이 났다고만 보고하고 어떻게 진압할 것인지는

말하지 않는 무책임한 초등학생형 보고서입니다.

2번 사례는 문제와 필요성을 언급하지 않고

바로 실행으로 직진하는 상태입니다.

일종의 '돌직구형, 답정너형' 보고서입니다.

왜 해야 하는지 언급하지 않은 채로 단순히 '이것을 하겠다'고

선언하는 것은 상대에게 일방적으로 통지하는 것과 같습니다.

3번 사례는 문제에서 A를 다루고서, 실행에서는 B를 하겠다고

말하는 상태입니다.

예를 들어, 문제는 품질이 문제라고 선언해 놓고,

실행에서는 납기 단축을 언급하는 겁니다.

이처럼 1, 2, 3번의 사례는 '조리'가 없어서

논리가 완전이 사라진 망한 문서입니다.

다시 한번 강조하지만 '무조리'는 '무논리'입니다.

이렇게 앞뒤가 맞지 않게 작성된 보고서가 흔치 않지만,

'조리'가 없다는 것이 무엇인지를 설명하기 위한 사례들입니다.

이제는 '조리'가 있지만 미약한 상태를 보겠습니다.

실제로 업무 현장에서 쓰여지는 보고서에서 발생하는

논리적 비약과 오류의 대부분이

지금부터 설명하는 4, 5, 6번의 사례에 해당합니다.

4번 사례는 '**항목의 비대칭**' 문제입니다.

문제에서는 A, B, C를 언급해 놓고, 실행에서는 A만 언급하는

경우입니다.

이때 문제의 B와 C에 대한 해결은 사라져서 붕 뜨는 겁니다.

반대로, 문제에서는 A와 C만 언급해 놓고,

실행에서 갑자기 B가 추가되어 뜬금없는 연결을 만들어 냅니다.

5번 사례는 '**비중의 비대칭**' 문제입니다.

문제에서는 A를 가장 비중 있고 중요한 것처럼 집중해서 다뤄 놓고

실행에서는 B를 제일 심도 있게 다루는 경우입니다.

이 또한 메시지 간 대응이 약해지는 원인입니다.

이러한 사례는 실무자가 자신이 가장 쉽게 잘할 수 있는

해결책에만 더 많은 힘을 주는

'스킬 편향성(Skill Bias)'이 원인일 때가 많습니다.

마지막 6번 사례는 '**순서의 비대칭**' 문제입니다.

앞선 사례들과 달리 이는 물리적인 실수에 가깝습니다.

문제는 A, B, C의 순서대로 제시해 놓고,

실행에서는 C, A, B 순서로 제시하면

배열의 무질서가 생겨 논리가 약해집니다.

보고서의 메시지는 상응해야 합니다.

그래야 논리적이고 '조리'있는 보고서가 됩니다.

메시지 간의 대응이 바로 '조리'의 핵심입니다.

보고서에는 특히 반드시 상응해야 하는 단락들이 있습니다.

예를 들면,

'**문제 vs. 해결**', '**장애물 vs. 돌파**', '**불만 vs. 개선**'처럼

대결 구도 같은 결투형 단락들이 이에 해당합니다.

이러한 단락들은 서로 빈틈없이 마주보고 있어야 '조리'있는 것입니다.

과격하게 말하면 흡사 '데칼코마니(반대 방향으로 대칭된 그림 형태)'

같은 상태로 보여야 합니다.

보고서를 검토할 때 문장을 개별적으로 보는 것도 중요하지만

전체적으로 논리적 문제가 없는지 먼저 확인해야 합니다.

논리가 먼저고 표현은 나중입니다.

표현이 미약하더라도 어느 정도 양해가 될 수 있습니다만

논리가 미약하면 보고서의 존재 가치가 무너질 수 있기 때문입니다.

앞서 설명했던 툴에 기록된 6가지 메시지들도

'조리'가 있어야 합니다.

일명 '같은 땅 위에 함께 존재'하면서도 서로 맞물려

연동해야 합니다.

특히 '현재 상황/문제/근본 원인'과

'접근 방향/목표/실행 방안'은 보고서 메시지의 양대 축입니다.

이 양대 축의 메시지가 명확히 마주보고 대응하도록

메시지 설계가 되어 있어야 '조리'가 유지됩니다.

그래서 양대 축의 메인 메시지가 상응하는지

더 유심히 검토해야 합니다.

"○○문제는 ○○해서 해결되는가?"

"○○실행의 결과물은 ○○문제의 원인 해결과 맞닿아 있는가?"의

질문으로 검토하는 것을 권장합니다.

그래서 아래의 그림처럼

'현재 상황, 문제점, (근본) 원인 분석'의 큰 덩어리 메시지와

'추진 방향/전략, 목표, 실행 방안'의 큰 덩어리 메시지가

서로 대응하는 상황인지 확인할 수 있도록 마주보게

배치하였습니다.

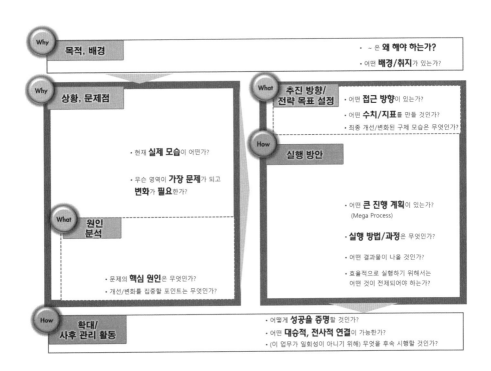

메시지에도 경(輕, Light, Simple)한 것이 있고

중(重, Heavy, Important)한 것이 있습니다.

메시지의 경중에 따라 비중을 조절해야 논리가 살게 됩니다.

무엇만 집중해서 올인(All-in)하는 것도 아니고,

무엇을 모조리 빼서 삭제하라는 것도 아닙니다.

보고서의 유형과 상황에 따라

중요한 것은 많이 쓰고 먼저 쓰며,

덜 중요한 것은 적게 쓰고 나중에 나오도록 해야 합니다.

중요한 것에 집중하는 것을 우리는 '방점'을 찍는다고 부릅니다.

(보고서에서 방점의 의미는 책의 앞 단락에서 설명했습니다.)

가장 중요한 메시지에 깊이를 더하고,

작성된 면적을 더 많이 할애하는 것이 보고서의 '방점'입니다.

(시선을 집중시키기 위한 시각적인 강조 표현은 '방점'의 작은 개념입니다.)

보고서의 방점을 지정할 때에는

'상황적 요소'와 '유형적 요소'를 고려하는 것이 좋습니다.

먼저 보고서의 '상황적 요소'를 가지고
방점을 정하는 방식을 살펴보겠습니다.

경영진이나 독자가 보고서 내용에 대한 지식 수준이 높은지 낮은지,
그리고 평소 관여 수준이 높은지 낮은지에 따라
보고서의 '방점'은 달라져야 합니다.

그 내용을 아래의 표로 정리했습니다.

경영진이…	높은 경우	낮은 경우
과제에 대한 **지식 수준**	**두괄식으로** 메인 메시지 위주의 카운터 펀치 선빵형 전개 실질적 변화/개선을 중심으로	**미괄식으로** 메시지가 누적되는 빌드업형 전개 현장의 요청과 필요 상황을 중심으로
평소 **관여 수준**	최종 결론과 상세 실행 계획을 더 많이	당위성과 과제 배경, 목적, 방향을 더 많이
	▼	▼
보고서 논리의 **지향점**	Why보다는 What & How에 방점 결정하고, 지원하게 만들기	What & How보다는 Why에 방점 이해하고 수용하게 만들기

경영진이나 독자가 보고서에서 다루는 과제에 대해
많이 알고 평소 교류를 자주 했다면 두괄식이 더 적합합니다.

이 경우 '최종 결론'과 '상세 실행 내용'을 많이 다루는 것이 좋습니다.

배경이나 취지에 대해 충분히 알고 있기 때문에,
구체적인 액션과 결과물을 더 많이 강조하는 것입니다.
이때는 빨리 실행을 결정하고 지원하게 만드는 것이
보고서의 핵심 목적이 됩니다.
그래서 'What & How' 메시지에 더 비중을 두어야 합니다.

반대로 경영진이나 독자가 보고서에서 다루는 과제에 대해
적게 알고 평소 교류의 빈도가 낮다면,
미괄식 접근으로 차근차근 취지와 방향, 당위성을 강조하는 것이
좋습니다.
이때의 목적은 과제의 필요성과 큰 진행 방향을
이해시키는 것입니다.
먼저 방향과 취지를 충분히 이해시킨 후
추후 2차전을 통해 상세 계획을 보강하는 전략이 더 현명합니다.
(실행의 디테일 메시지를 삭제하는 것이 아니고 줄이는 겁니다.)
이때는 'Why' 메시지가 제일 중요한 비중을 가져야 합니다.

이제 '보고서의 유형적 요소'로 메시지 방점이 달라지는 것을
살펴보겠습니다.

(이는 제 기존 책인 '부장님은 내 기획서가 쓰레기라고 말했지',

'원페이저가 살아남는다' 등에서도 깊이 있게 다룹니다.

그러므로 이 책에서는 가볍게 참고할 수 있는 수준으로

압축해서 설명하겠습니다.)

우리는 업무 상황 속에서 다섯 가지 종류의 보고서를 작성하게 됩니다.

다섯 가지 보고서는 각기 목적이 다릅니다.

보고서의 목적이 다르다는 것은 메시지의 방점도 다르다는 의미입니다.

각 보고서의 고유 본질과 목적은 아래와 같습니다.

'품의(기안)서'의 본질은 "~을 실행하겠습니다".

'결과 보고서'의 본질은 "이렇게 했습니다".

'상황(분석) 보고서'의 본질은 "이렇습니다".

'(대내외)공문서'의 본질은 "~을 알고 계십시오, ~을 도와주십시오".

'기획서'의 본질은 "이렇게 생각/분석하고 ~을 계획하고 있습니다".

본질과 목적이 다르기 때문에 보고서 유형마다 방점이

달라져야 합니다.

품의(기안)서의 방점은 '실행 계획'과 '필요한 자원'이고

결과 보고서의 방점은 '실행 결과'와 '집행한 자원'이며

상황(분석)보고서의 방점은 '현재 상황'이며

대내외 공문의 방점은 '요청 사항', '안내 사항'이며

기획서의 방점은 '목적', '방향', '전략'입니다.

보고서 유형별 방점

방점/매우 중요 ● 중요 ◑ 약간 중요 ○ 덜 중요 (필요 시 삭제 가능)

구분	◀ 처음 진행 목적 (배경)	현재상황 (문제점, 원인)	(개선) 진행 방향	추진 전략, 목표	실행 계획 (대안/ 장단점)	(예상) 실행 결과	(예상) 집행 비용 끝 ▶	기타
품의서 (기안서)	◑		◑		●		●	대안/ 장단점
결과 보고서					◑	●	●	개선 결과
상황(분석) 보고서	◑	●	◑		○			
대내외 공문	●	◑	○		●			요청, 안내 사항
기획서	●	●	●	●	●	◑	●	Financial Impact

그래서 위 표에 보이는 바와 같이,

보고서에 쓰여지는 대표적인 목차는 상황에 따라

비중 조절이 필요합니다.

색점으로 표시된 목차가 해당 보고서의 본질이자 '방점'입니다.

이러한 중요 목차는 상대적으로 더 많이 더 깊이 있게 작성되어야

논리가 살아납니다.

우리는 자신이 많이 아는 것은 많이 쓰고,

적게 아는 것을 빼려는 습성이 있습니다.

자신의 입장에서 보고서를 작성하다 보면

메시지 방점이 사라지고 논리가 무너집니다.

앞서 말한 '강조', '집중', '방점'은 객관적인 상대성을 가져야 합니다.

이는 주관적이고 이기적인 판단의 강조가 아닌,

객관적으로 중요한 요소를 강조하는 것을 의미합니다.

보고서를 검토할 때, 보고서의 유형을 명확히 파악하고

그 유형에 맞춰 비중 조절이 되어 있는지를 점검하는 작업은

매우 중요합니다.

이를 통해 편협한 논리, 잘못된 방점을 바로잡을 수 있습니다.

'표현' 검토하는 법

가독성과 구체성의 조화

자신이 보고서를 쓰는 것도 쉽지 않지만

타인이 보고서를 보는 일도 쉽지 않다는 것을 명심해야 합니다.

'결재'란 남이 쓴 글을 책임지기 위해서 읽는 행위입니다.

드라마에 나오는 사장님처럼 그냥 책상에 앉아 차 한잔 마시며

슥슥 보고서를 읽을 수는 없습니다.

자신이 책임져야 하기 때문입니다.

눈에 힘을 주고 몇 번이나 읽었는데도 이해가 안 되면

화가 나기 마련입니다.

그런데 이 보고서에 책임까지 져야 한다면 더 화가 납니다.

먼저 아래 그림을 보시지요.

다닥다닥 위아래로 붙어 있는 문장들은 읽기에 상당히 불편하게 되며 피로감을 유발합니다.지금 보고 있는 이 문장도 엄청나게 보기 불편합니다. 자칫하면 문장마다 자를 대고 한 글자 한 글자 짚어가며 읽어야 하는 상황이 발생하기도 합니다. 참으로 미칠 노릇이지요. 보기 불편한 문서를 억지로 꾸역꾸역 참으면서 읽어주는 사람은 없습니다. 본인도 읽기 불편합니다. 최악의 문서 보고 상황은 중요한 내용인데 허술하게 쓰여져서 전달된 상태입니다. 상대방이 읽은 것도 아니고 안 읽은 것도 아닌 상태를 만들어 버리면 의사소통은 완전 망하는 겁니다. 다시 전달하기도 애매하고 안 하자니 찝찝합니다.

이런 상황은 요즘 가볍게 쓰는 말로 '뜨악하고 식겁하게' 만듭니다.

몇 억이 넘는 부동산 거래나 회사의 사활이 걸려있는

큰 M&A건의 계약서를 검토하는 것이라면 모를까,

위 사례처럼 텍스트 폭탄 같은 메시지를

한 글자씩 꾹꾹 짚어 읽어내야 하는 상황은

상당한 스트레스를 줍니다.

보고서는 한눈에 볼 수 있어야 으뜸입니다.
심도 있게 하나하나 짚어가면서
보고서를 읽기 원하는 사람은 없습니다.

이러한 불만을 토로하는 실무자들이 많습니다.
"에이… 내용이 좋으면 됐지 뭐 형식이 중요한가요?"
"왜 그렇게 본질을 못 보고 겉으로 드러나는 것을 중요시하나요?
 비효율적이에요!"

이는 보고서 표현에 대한 노력을 등한시하기 위해
자기 입장만 내세우는 이기적 변론입니다.

내용은 당연히 중요한 것이고 그 내용을 담아내는 방법도
그에 못지않게 중요합니다.
보고서는 결국 '배달된 뜻'을 만드는 행위입니다.
보고서가 품고 있는 '뜻'은 당연히 중요합니다.
하지만 이 뜻이 정확히 배달되지 않거나 배달 실수가 벌어지면
보고서는 의미가 없어지는 겁니다.

'정확성'과 '전달력'은 함께 있어야 힘을 발휘합니다.
병존(竝存)해야 합니다.

보고서는 정보를 전달하는 것이므로 '정확성'이

최고의 가치이자 생명입니다.

하지만 '정확성'이라는 가치에 눌려 '전달력'이 소외되면 안 됩니다.

아래의 표로 설명해 보겠습니다.

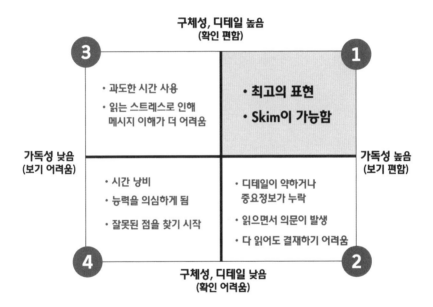

보고서의 표현 상태는 '구체성'과 '가독성'으로 설명할 수 있습니다.

'구체성(Concreteness)'은 메시지의 표현에서

'상세함'과 '명확함'을 의미합니다.

'구체성(디테일)'은 우리가 일상에서 많이 쓰는 말이므로
추가적인 설명을 생략하겠습니다.

반면 '가독성'은 우리가 평소에는 잘 쓰지 않는 말이어서
추가 설명을 하겠습니다.
'가독성(Readability)'은 메시지의 표현이 '보기 쉽다'에 해당합니다.
'보기 쉽다'는 것은 동일 시간 대비 더 수월하게
많은 양을 볼 수 있는 정도를 의미합니다.

'보기 쉽다'는 영어로 'See'가 아닌 'Look' 입니다.
'See'는 눈에 보이니까 보는 행위이지만,
'Look'은 특별한 의도를 가지고 신경 써서 보는 것입니다.
(좀 더 심오하게 들어가면 'Watch'는 보이지 않는 것까지
섭렵해 보는 것입니다.)
'See'는 글자를 보는 것이고, 'Look'은 맥락과 메시지를 보는 것이지요.

앞의 그림에서
1번 상황(구체성 High, 가독성 High)이 최고의 표현입니다.
내용이 구체적이고 정밀하며, 보기도 쉬운 상황이니
상대의 시간을 아껴주는 보석 같은 보고서입니다.

이때만 'Skimming'(필요한 부분을 찾거나 요점을 알기 위해 '훑어보다')이
가능합니다.

멈춤 없이 쭉 읽어 나가면서도

핵심과 맥락을 이해할 수 있는 보고서가 최고입니다.

2번 상황(구체성 Low, 가독성 High)은 위험합니다.
읽기는 편해도 디테일이나 중요한 정보가 숨어 있어
수박 겉핥기 식으로 보게 됩니다.
보고서를 읽었지만, 중요한 사항을 확인하지 못하거나
부분적으로만 이해되니 결재가 어렵습니다.
2번 상황은 '실무자의 사전 신뢰 확보'와
'결재자의 믿음과 용기'가 필요합니다.
실무자가 평소 신뢰 마일리지를 충분히 쌓아 두었다면
내용을 정확히 이해하지 못했더라도
"꼼꼼히 알아서 하겠지"라는 기대로 넘어가 줍니다.

3번 상황(구체성 High, 가독성 Low)도 마찬가지로 위험합니다.
중요하고 구체적인 메시지가 기록되었다 하더라도,
읽기가 불편하면 안 됩니다.
법률 문서, 기술 문서가 대표적인 예시인데
이러한 보고서는 여러 번 읽어서라도 확인하겠다는

'인내심'이 필요합니다.

그러나 인내심 많은 독자는 사실상 많지 않습니다.

보고서나 글로 표현된 보고서는

받는 사람이 갑(甲)이고 작성한 사람이 을(乙)입니다.

우리는 눈에 잘 안 보이면 본능적으로 거부하고 내팽개치는

경향이 있습니다.

인내심을 가지고 읽다가도 눈이 아프고 집중력이 떨어지면,

보고서는 뒤쪽으로 갈수록 대충 보게 됩니다.

이러면 '용두사미(龍頭蛇尾)'형 이해가 만들어집니다.

4번(구체성 Low, 가독성 Low)이 가장 나쁜 상황입니다.

내용과 구체성도 없고 손에 잡히는 않는 메시지들이

알아보기 어렵고 혼란스럽다면 화가 납니다.

이런 보고서는 고객의 시간, 조직의 시간을 낭비하는

나쁜 악당입니다.

결재자는 읽다가 심기까지 불편해져서 보고서를 대하는 태도가

'공격적(Attack)'으로 변합니다.

이해하려는 노력 대신 보고서의 오류를 찾으려는

부정적 노력이 시작됩니다.

아시다시피 보고서를 읽는 사람이 마음만 먹으면

그 자리에서 잘못된 점을 열 개 이상 찾아낼 수 있습니다.

한번 나쁘게 보기 시작하면 모든 게 다 안 좋게 보이기 때문입니다.

이때는 상사와 실무자의 대면이

'보고'와 '검토'가 아닌 '공격'과 '수비'의 모습이 될 것입니다.

그렇다면 '구체성(Concreteness)'과 '가독성(Readability)'이

동시에 높은 표현은 무엇일까요?

제일 권장하는 표현 방식은

'수치와 함께 기록되어 있으면서 정갈하게 편집된 문장'입니다.

이렇게 작성된 보고서는

구체적이고 명확한 정보를 제공하면서도 가독성이 뛰어나

독자가 쉽게 내용을 이해하고 빠르게 결론에 도달할 수 있습니다.

이 방식은 독자의 시간을 절약하고,

보고서의 전달력을 높이는 최적의 방법입니다.

메시지 유형별 차이

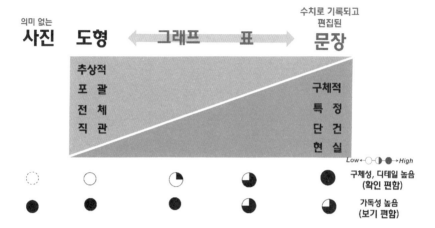

위 그림처럼

'수치와 함께 기록된 문장'은 가독성이 다소 낮지만,

구체성과 디테일이 높기 때문에

편집을 신경 써서 잘 하면 생생한 팩트를 전달하기 쉽습니다.

표나 그래프는 '가독성'과 '구체성'을 어느 정도 살릴 수 있지만

문장에 비해서는 상대적으로 약하므로

선별적으로 사용하여야 합니다.

보고서를 검토할 때

도형과 사진(이미지)에 대해 약간 부정적으로 볼 필요가 있습니다.

무조건 안 된다는 이야기는 아니지만,

"이 도형, 사진(이미지)이 꼭 필요한가?"라는
의구심을 가지고 봐야 한다는 말입니다.

많은 실무자가 의미 없는 도형, 꼭 필요하지 않은 사진을
보고서의 메인 페이지에 첨부합니다.
이는 메시지의 이해를 돕는 데 일부 유효할 수 있으나,
보고서의 분량만 쓸데없이 늘리는 역효과를 초래할 수 있습니다.

그럴듯해 보이고 예쁘게 보일 수 있지만,
많은 면적을 할애한 만큼의 효과가 나오지는 못하는 것이
도형과 사진입니다.

앞의 그림에서 볼 수 있듯이 도형과 사진은 '가독성'이 좋아서
보기는 편합니다.
하지만 '구체성(디테일)'은 매우 낮은 상태로 표시했습니다.

꼭 필요한 경우, 즉 메시지들의 다양한 관계나 역동이 정리되어야 할 때
도형이 효력을 발휘하지만,
아무 때나 상습적으로 사용되는 도형은 '과용(Overused)'입니다.

사진도 마찬가지입니다.

예를 들어 공정 중 ○○기계에 문제가 발생했을 때처럼

현장 상황을 아주 생생하게 보여주는 것이 필요할 때가 있습니다.

이때 가벼운 수준으로 등장하는 사진은

보고서의 리얼리티를 높여줄 수 있지만

그러지 않고 남용되는 사진은 구체성을 무너뜨립니다.

(문장, 표와 그래프, 도형 등을 검토하는 방법은 이후에 면밀하게 다룹니다.)

제목은 보고서를 접하게 되는 최초의 관문입니다.

사람으로 비유하면 '얼굴'과 같습니다.

첫인상인 제목에서부터 보고서의 퀄리티를 평가받게 됩니다.

그러나 우리는 보고서의 제목을 중요하게 생각하지 않고,

단순히 '라벨(Label) 달아주기' 정도로 치부하는 경향이 있습니다.

형식적으로 생각하다 보니,

보고서의 제목을 '허울뿐인 상태', '없어도 무방한 상태'로

방치합니다.

한마디로, **우리는 보고서 제목에 너무 신경 쓰지 않습니다.**

일반적으로 고민하지 않고 마구잡이 식으로 짓는 제목들의

예를 들어보겠습니다.

'○○ 진행의 건'

'26년도 영업 전략 수립'

'○○ 공정 장비 교체'

이러면 제목의 효력이 없고 존재감이 미미합니다.

제목이라기보다는 '업무 구분', '업무 명칭'에 불과하며,
단순히 '라벨'에 지나지 않습니다.
흡사 주간 업무 계획, 월간 업무 계획에 기재하는 업무리스트와
다를 바 없습니다.

나쁜 보고서 제목의 특징	좋은 보고서 제목의 특징
구체적이지 못함 (상황만 묘사함)	매우 구체적이며 핵심을 지목함 (목적과 실행과 핵심 포인트를 제시함)
범용적이고 일반적임 (다른 보고서에 들어가도 괜찮을 수준의 범용적 표기)	해당 보고서 하나만을 위해 존재함 (해당 보고서에 특화된 사항을 담고 있음)
수치가 없음 (단순하고 모호한 단어의 조합)	중요 수치가 포함됨 (돈, 시장, 기술, 고객 등 의사 결정 관련 수치가 표기됨)

보고서에 제목이 존재하는 이유는 읽는 독자에게
특정한 시그널(Signal)을 주는 겁니다.
"이 보고서는 ~~의 내용을 담고 있으니
~~을 중심으로 읽어주십시오."

제목은 해당 보고서만을 위해 존재할 정도로 '독특(Special)'해야 하며
그 자체로도 우뚝 설 수 있도록 '구체적(Concrete)'이어야 합니다.

보고서의 제목이 가지는 의미는 무엇이고
어떤 제목이 좋은 것인지 살펴보겠습니다.

제목이 존재하는 이유는 '두괄식' 메시지 전개를 위해서입니다.
'두괄식'이 좋은지 '미괄식'이 좋은지 문의하는 학습자들이
간혹 있습니다.
'두괄식', '미괄식' 둘 다 좋은 방법입니다.
가능하면 두 가지를 함께 사용하는 것이 좋습니다.
그것이 바로 '양괄식'입니다.

보고서에 제목이 존재하는 이유는
독자가 '도대체 이 보고서가 무엇이고
왜 시간을 들여서 읽을 필요가 있는가?'를
명확하게 알도록 하는 것입니다.
따라서 제목은 가능한 '직설적이고 날카롭게' 기록되어야 합니다.

직설적이고 날카로운 제목을 구성하기 위해

아래의 제목 스타일을 활용해 보기 바랍니다.

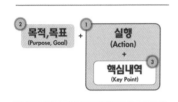

번호는 작성하는 순서

장비 선진화 방안
공정 효율 5%개선을 위한 OO장비 교체

신규 계약 추진
OO억 매출 달성을 위한 OO회사와 OO부문 신규 계약

GHRD - 주재원 교육 방안
주재원의 현지 성과 창출에 필요한 역량과 마인드를 제고하는
발령 시점별 교육 체계 마련 (향후 3개년 계획)

생산 부문 중장기 대응 방안
미래형 비전2030 달성을 위한 RE100 대응 전략 수립
(OO부문 OO공정을 중심으로)

위 그림을 기반으로 좋은 제목의 특징을 설명해 보겠습니다.

첫째, 좋은 제목은 아래 세 가지 항목을 포함해야 합니다.

① 무엇을 할 것인지(Action)

② 왜 하는 것인지, 이루고자 하는 것이 무엇인지(Goal, Purpose)

③ 가장 힘주어 진행하는 것이 무엇인지(Key Point)

이 세 가지는 보고서의 독자인 경영진이 가장 궁금해 하는

의사 결정 포인트입니다.

제목에는 'Action, Goal, Key Point'가 종합적으로 존재해야

보고서를 대표하는 메시지가 기재될 수 있습니다.

'Action, Goal, Key Point'는

의사 결정자가 가장 궁금해하고 빨리 확인하고 싶어하는

3대 메시지이기도 하며,

앞서 소개한 보고서 논리의 기본 뼈대인 'Why-What-How'의

응용편이기도 합니다.

둘째, 제목에는 거시적인 업무 영역과 세부적인 과제명을

복합적으로 제시하면 좋습니다.

앞서 제시한 그림의 오른쪽에 있는 사례처럼

공식적인 업무의 큰 영역(Boundary)을 먼저 제시하고

그 예하의 직시형 부제를 같이 표기하는 형태도

권장하는 표기법입니다.

이러한 양립형 제목 표기를 하면,

업무 테마(Boundary)를 먼저 이해하고

과제의 수행의 구체적 내용('Action, Goal, Key Point')을 동시에

확인할 수 있습니다.

이를 통해 제목이 가지는 존재 이유인

"이 보고서는 ~~의 내용을 담고 있으니 ~~을 중심으로

읽어주십시오"라는 시그널을 정확히 전달할 수 있게 됩니다.

보고서 표현에서 가장 많은 비중을 차지하는 것이 문장입니다.
실제로 보고서의 70퍼센트 이상이라고 볼 수 있죠.
하지만 보고서에 기록된 문장의 수준이 높지 않은 경우가 많습니다.

우리는 종종 이런 생각을 합니다.
"나는 작가가 아니잖아, 뜻만 통하면 되는 거야."

**맞습니다. 굳이 작가처럼 멋진 문장을 구사할 필요는 없습니다.
하지만 높은 수준의 유려한 문장이 아니더라도
기본이 지켜지지 않은 문장은 개선되어야 합니다.**

뛰어난 작가처럼 훌륭한 문장을 구사하라는 것이 아닙니다.
낙제에 가까운 문장은 최대한 피해야 한다는 겁니다.
따라서 '좋은 보고서를 위해 최소한으로 지켜야 할
문장의 마지노선'을 중심으로 검토할 것을 권합니다.

어떤 문장 표현이 나쁜 것인지 그리고 어떻게 바뀌는 것이 좋은지
사례를 들어 설명해보겠습니다.

나쁜 문장 표현 첫 번째, '조사'가 없는 문장

짧은 문장이 좋다고 해서 조사까지 모조리 빼면 안 됩니다.
기본적인 조사는 유지해야 문장의 뜻이 자연스럽게 이어지며,
앞뒤의 단어들이 서로 의미 있게 연결됩니다.

'짧은 문장'이 좋다는 말을 오해하지 마십시오.
'짧은 문장'에서 '짧다'는 것은
글자수가 최소화되어야 한다는 '물리적인 적음'을
의미하는 것이 아닙니다.
단박에 읽어낼 수 있고 한번 읽었을 때 이해할 수 있는
'노력 수반의 적음'을 뜻합니다.

문장이 읽기 쉽고 바로 이해되려면,
주어, 서술어, 조건, 목적, 조건 등의 단어가
서로 잘 붙어 연결되어야 합니다.
단어 간의 연결을 만들어주는 것이 바로 '조사'입니다.

보고서의 모든 문장은 기본 조사를 살린 윤문(潤文)으로
작성되어야 합니다.
윤문의 특징은 뻑뻑하고 무미건조하지 않으며

매끄럽게 흘러가는 것입니다.

아래의 사례를 보십시오.

기본 조사가 없는 문장	기본 조사가 살아있는 문장
뻑뻑하고 무미건조함	단어의 연결이 윤택하고 흘러 나감
시행 후 평가, 개선 동시 진행	시행 이후 평가와 개선을 동시에 진행함
프로젝트 완료 위해 필요 리소스 할당함	프로젝트 완료를 위해 필요한 리소스 5개를 할당함
회의 일정 조정 위해 다음 주 가능 여부 확인 요청	회의 일정 조정을 위해 다음 주 가능한 일정 여부를 확인 요청드립니다.
신규 소프트웨어 업데이트의 사용자 피드백 반영 필요성 있음	신규 소프트웨어 업데이트에 대한 사용자 피드백 20개를 반영할 필요 있음
고객 요구 사항 반영 제품 개선 필요	고객 요구 사항을 반영하여 제품을 10% 개선할 필요 있음

단, '의', '적', '인', '및' 같은 의미 없는 조사들은
삭제해도 무방합니다.

무의미한 조사의 활용	무의미한 조사와 중복된 단어를 삭제한 문장
'의, 적, 인, 및' 남용	메시지의 흐름을 유지한 선에서 조사의 삭제, 변경
팀원의 의견의 합의는 프로젝트의 성공 여부의 핵심임	팀원 간 의견 합의는 프로젝트 성공의 핵심임
전략적이고 계획적 접근 방식은 장기적인 비전을 달성하는 데 필수적임	전략과 계획을 기반으로 한 접근 방식은 장기 비전을 달성하기 위해 필수임
영업 및 마케팅 전략을 세우기 위해서는 시장 분석 및 경쟁사 분석이 필요함	영업, 마케팅 전략 수립을 위해 시장, 경쟁사 분석이 필요함

나쁜 문장 표현 두 번째, 직설적이지 못한 문장

직설적이 못한 문장이란 '뭉뚱그리는 표현'을 말합니다.

대충 윤곽은 보이지만 정확하게 손에 잡히지 않고

의구심이 드는 상태를 말합니다.

읽으면서 확확 꽂히도록 구체적이어야 좋은 문장입니다.

따라서 문장 속에 있는 형용사와 부사는 최소화해야 합니다.

보고서는 소설이나 에세이가 아닙니다.

읽으면서 상상하거나 추측하도록 해서는 안 됩니다.

보고서를 읽으면서

'주체가 누구야?', '어떤 수준이야?', '정확히 뭐가 문제야?',

'기준이 뭐야?'와 같은 의구심이 들면,

그 문장은 단번에 이해되지 않는 나쁜 문장입니다.

문장은 부연 설명 없이 그 자체로 완전무결해야 합니다.

이를 위해 문장 속에 수치와 기준이 생생하게

병기(竝起)되어야 합니다.

관련 현장의 수치가 함께 기록되어 있어야 하며,

범용적인 단어가 아닌 구체적이고 특정한 고유 명사가 들어가야

생생한(Vivid)한 문장이 됩니다.

단번에 이해되고 두 번 읽지 않아도 되는 문장,

질문이 안 나오고 바로바로 팩트 체크가 되는 문장이

'One Shot One Kill'입니다.

직설적인 문장의 사례를 몇 가지 보시지요.

직설적이지 못한 문장	직설적 문장
불명확하고 **읽는 과정에서 의문이 생김**	**의문이 거의 없고 확인도 필요 없음** **One Shot One Kill**
이번 분기 매출은 매우 급격하게 상승했음	25년 4분기 매출은 35%(전년 동기 대비) 상승했음 (동종 업계 대비 150% 수준)
신제품 출시는 성공적이었음	신제품 XYZ 출시는 첫 주에 5,000대 판매를 기록함 (계획 대비 50% 초과)
품질 관리 복잡성 집중 개선 및 공정 효율 확보가 필요함	품질 관리 ○○절차의 복잡함을 ~까지 단순화(8개 → 3개)해야 하며 이를 통해 ○○공정 효율(수율 95%↑)을 확보해야 함
원료 수급 불안정, 고객 가격 횡포가 존재함	○○원료의 수급은 매우 불안정(50% 변폭)하고 ○○사의 가격 횡포(납품가 10% DC 요구)가 존재함
고객의 반응이 긍정적임	고객 만족도 점수가 4.7점(5점 만점)으로 상승함

나쁜 문장 표현 세 번째, '구어체' 문장

가끔 머릿속에 마땅한 단어가 떠오르지 않아,

일상적인 대화에서 사용하는 단어가 문장에 포함되는

경우가 있습니다.

말하는 그대로, 대화하는 그대로 쓰는 문체를

'구어체(口語體/Colloquial style)'라고 합니다.

"뜻만 통하면 되니 아무 단어나 쓰면 되잖아"라는

생각을 가지고 있는 실무자들이 많습니다.

하지만 우리는 카톡이나 SNS를 쓰는 것이 아니고

보고서를 작성하는 겁니다.

최대한 격식을 갖추고 비즈니스형 어투인 '문어체(文語體/Literary style)'

단어를 사용해야 합니다.

일부러 어려운 말, 전문 용어를 쓰라는 것이 아닙니다.

어렵지 않고 평이하되,

말이 아닌 글로 쓰는 '각 잡히고 정갈한 단어'를 써야 합니다.

'문어체'를 사용해야 정확한 전달이 가능하고,

문장의 뜻을 더 선명하게 보일 수 있습니다.

구어체 문장	문어체 문장
일상 대화에서 쓰는 단어	격식을 갖춘 단어
가격이 비싼 ○○장비를...	고가의 ○○장비를...
제도를 새로 만듦	제도를 신설함/구축함
중국 자본을 빌려 씀/가져옴	중국 자본을 차용함/확보함
○○장비를 고침	○○장비를 수리함
환경 변화를 받아들이도록...	환경 변화를 수용하도록...
3분기 매출이 20% 올랐음	3분기 매출이 30% 증가했음
현장 직원의 말을 들어보니...	현장 직원의 의견을 파악해 보니

나쁜 문장 표현 네 번째, 무의미한 단어가 포함되어 늘어지는 문장

무의미한 단어가 들어가서 의미가 불필요하게 반복되는 상황을
전문 용어로는 '리던던시(Redundancy)'라고 합니다.
우리가 흔히 쓰는 말로
'중언부언(重言復言, 이미 한 말을 자꾸 되풀이하는 상태)'하는
경우를 뜻합니다.
무심코 쓰인 문장에서 '리던던시'가 상당히 많이 발견됩니다.

동일한 의미의 단어가 반복되면 문장이 늘어질 뿐만 아니라,
뜻이 흐려지게 됩니다.
문장을 검토하는 과정에서
의미 없이 중복되는 단어를 통합하거나 삭제하여
군살 없는 깔끔한 문장으로 만들어야 합니다.

보고서 작성 워크숍 중에 '리던던시'를 찾아내고 삭제하는
실습을 하다 보면,
실무자들이 자주 보이는 특징이 있습니다.
보고서에 쓰여진 단어를 용기 있게 쳐내지 못하는 점입니다.
단어가 빠지면 뜻이 무색해질 거라는 오해가 있기 때문입니다.
그러나 문장에서 단어는 빼내면 빼낼수록 뜻이 살아납니다.

간단해질수록 명료해지는 겁니다.

따라서, 뜻을 유지하는 선에서 의미 없는 단어는

삭제하는 것을 권장합니다.

'리던던시'를 조정한 사례를 보면 다음과 같습니다.

"추후 10월 말까지 ○○제품 매출 판매 증대 전략 수립을 진행할 예정임"

> 1) '추후'와 '예정'은 의미 중복임, '추후' 삭제
> 2) '매출'과 '판매'는 의미 중복임, '판매' 삭제
> 3) '수립'과 '진행'은 의미 중복임, '진행' 삭제
> 4) '10월 말'과 '예정'은 의미 중복임, '예정' 삭제

"10월 말까지 ○○ 매출 증대 전략을 수립함"

**"영업 인센티브의 도입을 통해
모든 임직원의 체계적인 금전적 동기부여 제도를 마련함"**

> 1) '모든'은 의미 없는 형용사임, '모든' 삭제
> 2) '체계적인'은 '제도'의 대전제임, '체계적인' 삭제
> 3) '도입'과 '마련'은 의미 중복임, '도입' 삭제
> 4) '임직원'은 '제도'의 기본 대전제임, '임직원' 삭제

**"영업 인센티브를 통해
금전적 동기부여 제도를 마련함"**

나쁜 문장 표현 다섯 번째,

주어, 목적어, 서술어가 호응하지 않는 문장

짚신도 짝이 있듯이, 단어들도 짝이 맞지 않으면 읽기 불편합니다.
문장 내 단어들은 서로 짝을 이루어 호응해야 합니다.
단어들이 따로 놀아 문법에 맞지 않는 문장을
'비문(非文)'이라고 합니다.
겉으로는 문장이 맞지만 속으로는 뜻이 허술한 상태를 말합니다.

간혹 보고서를 검토하는 리더가 **"이건 국어도 아니야"**라고
말하는 경우가 있습니다.
이게 바로 비문(非文)입니다.
각 단어들로 봤을 때는 말이 맞는 것처럼 보이지만,
문장 전체로 보면 연결이 이상하다는 뜻입니다.

'주어와 서술어' 또는 '목적어와 서술어'가 상응하지 않는 문장들이
은근히 많습니다.
이러한 경우 눈으로만 체크하기는 굉장히 어렵습니다.
각 단어의 연결 구조와 상응성을 점검하기 위해서는
문장을 소리 내어 읽어보는 것이 가장 좋습니다.
소리 내어 읽어보면

메타 인지(한 차원 높은 시각에서 관찰/발견하는 인식)가 되어

각 단어의 연결과 구절의 상응성을 찾아내기가 훨씬 수월해집니다.

단어가 서로 호응하지 못하는 문장	호응하도록 조정한 문장
목표를 실시함 ('목표'는 달성의 대상인 목적어임 '실시'라는 서술어와 호응하지 못함)	목표를 기준으로 실시함 or 목표를 달성함
워크숍의 첫 일과는 인원수 점검에서 시작함 ('시작함'의 주어는 참여한 사람이어야 하며 '첫 일과'와 호응하지 못함)	워크숍의 첫 일과는 인원수 점검임
○○사건 희생자 10주기 (10주기의 대상은 희생자가 아님)	○○사건 10주기
옛날 어린이들은 호환, 마마, 전쟁 등이 가장 무서운 재앙이었으나, 현대의 어린이들은 무분별한 불량/불법 비디오를 시청함으로써, 비행 청소년이 되는 무서운 결과를 초래하게 됩니다. (무서운 결과를 초래하는 것의 주어가 없음)	옛날 어린이들은 호환, 마마, 전쟁 등이 가장 무서운 재앙이었으나, 현대의 어린이들은 무분별한 불량/불법 비디오를 시청함으로써 비행 청소년이 되는 것이 가장 무서운 재앙입니다.

나쁜 문장 표현 여섯 번째, 기본 편집이 없는 문장

보고서의 문장에는 두 가지 '각'이 반드시 살아 있어야 합니다.
'정렬성'을 통한 각과 '통일성'을 통한 각입니다.

문장 표현의 각

정렬성을 통한 '각'

- 문장의 시작 위치가 동일해야 함(왼쪽 정렬)
- 줄간격 조정을 통해 관계를 부각함
- 들여쓰기를 통해 위계를 부각함
- 상하좌우의 라인이 딱 맞게 작성함

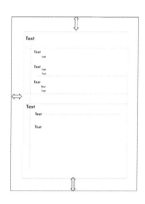

통일성을 통한 '각'

- 동일 위계에서는 동일한 글자 크기, 동일한 기호를 활용함
- 문장 끝자리를 동일한 형태로 작성함(임/음/함/체 권장)

'정렬성'을 통한 각은 배치와 위치, 맞춤을 통해서 만들어집니다.

문장의 시작점을 맞추는 것은 기본입니다.

위아래 수직적인 줄 간격을 정돈하여,

가까울수록 밀접하고 떨어져 있을수록 다른 메시지라는

관계성을 보여줘야 합니다.

또한 들여쓰기(Indent)를 통해 메시지 간의 서열 정리를 해야 합니다.

이러한 '정렬성'을 통해 눈으로 봐도 메시지 간의 '위계'와 '관계'를
즉각적으로 확인할 수 있어 전달력이 좋아집니다.

'통일성'을 통한 각은 일관적이고 규칙적인 표기를 통해 만들어집니다.

동일한 위계에서는 당연히 같은 서체와 같은 글자 크기를
사용해야 합니다.

또한 문장 끝자리인 '종결 어미'도 최대한 같은 형태로
통일하는 것이 좋습니다.

통일성 있는 문장을 위해 '임/음/함/슴'체를 사용하는 것도
권장합니다.

문장과 함께 사용되는 글머리 기호(일명 Bullet Point)나
수치형 표기(Numbering)도
'동일 위계, 동일 형태'의 원칙을 지켜야 합니다.

나쁜 문장 표현 일곱 번째, 강조점이 없는 문장

A4 한 장의 세로형 문서는
평균적으로 단어 180여 개 ~ 200개의 단어로 구성되며,
한 단락에는 보통 약 50개의 단어가 사용됩니다.

모든 단어가 다 중요한 것은 아닙니다.
의사 결정에 큰 영향을 미치거나,
해당 주제에 꼭 들어맞는 필수 메시지를 담고 있는 단어가 있습니다.
따라서 중요한 단어는 문장과 단락 내에서
강하고 도드라지게 표현되어야 합니다.
그래야 문장이 힘을 얻고 메시지가 잘 전달됩니다.

다음 쪽의 그림을 보십시오.
1번 사례에 비해 2번 사례는 중요한 단어와 구절을
더욱 강렬하게 표현하였습니다.

1

<table>
<tr><td>운영 방향</td><td>세부 내용</td></tr>
<tr><td>OJT
프로세스 정립</td><td>• 체계적 OJT 프로세스를 구축하여 공식 온보딩 프로그램으로 정례화
• 단계별 수행 활동을 정립하여 서비스 접점 신규 인력의 조기 전력화를 유도
• OJT 프로그램 활성화를 위한 보조자료 업데이트를 진행
   * 사내인프라를 활용한 학습 계획서, 일지, 평가 및 피드백 양식 등 활용 유도</td></tr>
<tr><td>OJT
멘토 양성 교육
실시</td><td>• 직무역량, 의사소통능력, 인내심과 포용력 등 OJT 멘토 자질을 갖춘 인원을 선발
• OJT의 개념/중요성, OJT 프로세스,
  수행 과제 설계, 성공 사례 이해, 코칭/피드백 스킬 등 오프라인 교육을 실시
• OJT 계획 수립, 현장 직무 관련 코칭 및 피드백 활동 수행</td></tr>
<tr><td>업무 노하우
공유 촉진</td><td>• 현업의 구체 사례 중심의 Case Study 진행, 멘티의 문제해결능력 향상
• 멘토의 업무 지식, 정보, 노하우 등을 조직 내로 공유 및 확산할 수 있는 시스템 마련
• 직무 관련 우수 사례 공유 및 히스토리 공유, 직무에 대한 긍정적 인식 제고</td></tr>
</table>

2

<table>
<tr><td>운영 방향</td><td>세부 내용</td></tr>
<tr><td>OJT
프로세스 정립</td><td>• 체계적 OJT 프로세스를 구축하여 공식 온보딩 프로그램으로 정례화
• **단계별 수행 활동을 정립**하여 서비스 접점 신규 인력의 조기 전력화를 유도
• OJT 프로그램 활성화를 위한 보조자료 업데이트를 진행
   * 사내인프라를 활용한 학습 계획서, 일지, 평가 및 피드백 양식 등 활용 유도</td></tr>
<tr><td>OJT
멘토 양성 교육
실시</td><td>• 직무역량, 의사소통능력, 인내심과 포용력 등 OJT 멘토 자질을 갖춘 인원을 선발
• OJT의 개념/중요성, OJT 프로세스,
  수행 과제 설계, 성공 사례 이해, 코칭/피드백 스킬 등 오프라인 교육을 실시
• OJT 계획 수립, 현장 직무 관련 코칭 및 피드백 활동 수행</td></tr>
<tr><td>업무 노하우
공유 촉진</td><td>• 현업의 구체 사례 중심의 Case Study 진행, 멘티의 문제해결능력 향상
• **멘토의 업무 지식, 정보, 노하우 등을 조직 내로 공유 및 확산**할 수 있는 시스템 마련
• 직무 관련 우수 사례 공유 및 히스토리 공유, 직무에 대한 긍정적 인식 제고</td></tr>
</table>

개선된 사항을 보면,

중요한 메시지의 색상은 검정색(Black)으로 유지하면서

덜 중요한 메시지는 연한 회색(Gray)으로 처리하여

핵심 단어들을 돋보이게 하였습니다.

(꼭 화려한 색상을 쓰지 않더라도 검정색과 회색의 대비를 사용하면

부각 효과가 가능합니다.)

동시에 중요 단어는 볼드(Bold/굵은) 처리를 하여

더 강렬하게 존재감을 부여하였습니다.

이로 인해 모든 문장을 다 읽지 않더라도

중요한 내용을 빠르게 확인할 수 있도록 개선되었습니다.

여기서 우리가 오해하지 말아야 할 점이 있습니다.

중요한 단어에만 집중하도록 해서

덜 중요한 문장을 대충 표현해도 된다는 것은 절대로 아닙니다.

모든 문장은 정확하고 구체적이어야 하며,

이와 동시에 중요한 단어를 부각시켜야 한다는 것입니다.

표 보는 법 복잡하지 않은 표인가?

Sample

구분	프로그램명	상세 내용	일반적 적용 대상	비고
Leadership	코칭(Coaching)	• 리더십, 코칭, 커뮤니케이션 스킬 등 개발	임원 후보군	• 전문 코치 활용
Management Skill	액션 러닝	• 전사 차원의 중장기적 경영 이슈 해결 활동	공통	
	프로젝트 참여	• 핵심 직무 관련 비상시적인 Task Force 팀 운영을 통해 다양한 경영 관리 스킬 획득	과/차장급 이상 (임원 후보군 제외)	• On-the-Job Experience 성격
	멘토링	• 임원의 Mentoring 프로그램 실시	공통	
Business Skill	직무 배치 (Job Assignment)	• 향후 수행 Position을 고려하여 전사 차원의 통합적인 시각 배양 • 다양한 직무 경험 기회의 부여	공통	• On-the-Job Experience 성격 • Career Path 연계
	신규 사업 수행 (Start-ups)	• 신규 사업 개발, 새로운 사업의 인수 및 합병, JV 설립 등을 수행 – 방향 제시, 지시 없이 불확실성, 무경험을 극복하고 일을 완수하는 능력 육성	임원 후보군	• On-the-Job Experience 성격
Global Mind	글로벌 경험	• 해외/국내(글로벌 연계) Executive Program 선별적 제공, 단기 해외 지사 연수 등	과/차장급 이상	

이러한 표현 형태를 '표', '테이블(Table)' 또는 'Box'라고 부릅니다.
이 책에서는 '표'라는 명칭으로 통일하여 부르겠습니다.

표는 복잡한 요소들을 동시에 검토하도록 도움이 되는
좋은 표현 방식이므로 자주 활용하는 것을 권장합니다.
하지만 표를 사용할 때 정석을 모른 채
무분별하게 쓰여지는 경우가 많습니다.

표를 사용하는 몇 가지 기준과 유의 사항을 소개해 보겠습니다.

첫 번째, 표를 남발하지 말아야 합니다.

표의 활용이 좋다고 해서 무조건 좋은 것은 아닙니다.

원칙을 모르고서 마음대로 표를 작성하면

오히려 독이 될 수도 있습니다.

아래 정리된 표를 보십시오.

표를 사용하면 좋은 경우		표를 사용하면 안 좋은 경우	
비교할 때	동일한 기준으로 데이터를 서로 비교하는 경우 • 24년과 25년 각 분기별 매출 비교 • A사와 B사 제품의 스펙 비교 (비용, 품질, 부품, 원가, 특징 등)	**흐름과 연결**이 더 중요할 때	표는 단어 중심의 전개이므로 항목 간의 연결, 상호작용의 전달하기 어려움 (도형과 문장이 더 효과적임) • 제품 개발 과정의 흐름과 세부적인 활동 소개 • OO전략 수립의 필수 고려 요소와 과제 도출
나열할 때	여러가지 항목을 동시에 보여주는 경우 • 예산 집행 내역 (비용 항목– 금액–비교) • 10대 그룹별 주요 사업, 매출액, 인원수 동시 비교	**구분 항목**이 **3개 이하**일때	표는 여러 항목을 제시하는 것이 목적이므로 항목이 3개 이하인 경우는 면적만 낭비됨 (몇 줄의 문장이 더 효과적임) • A제품, B제품의 OO항목의 차이 • A사, B사, C사의 매출액 나열
개요를 전할 때	상황을 한번에 정돈해서 보여주는 경우 • 프로젝트 진행 개요(일정, 장소, 참가자, 비용 등) • 워크샵의 진행 개요(일정, 대상, 진행 활동, 예산 등)	**뉘앙스**가 더 중요할 때	표는 간결한 Text이므로 실제 감정이나 뉘앙스를 전달하기 어려움 (서술형 문장이 더 효과적임) • 현장, 고객사의 실제 의견 • 인터뷰 내용 정리

위 정리된 표의 활용 기준을 보면서

이 문장을 기억해 주시기 바랍니다.

"항목으로 구분할 수 있는 메시지를

비교하거나 나열하거나, 상황적 개요를 전달할 때에만

표가 힘을 발휘한다."

(세부적인 내용은 앞서 제시한 표에 설명과 사례를 붙여 두었습니다.)

이 문장에서 핵심 키워드는 '항목으로 구분할 수 있는 메시지'입니다.

항목으로 구분하는 것이 무의미한 메시지에

표를 적용하면 효력이 퇴색됩니다.

특히 항목 간 흐름과 역동이 중요한 상황이거나

디테일한 감정이나 리얼한 표현이 중요한 상황에서 표를 사용하면

메시지가 너무 단순화될 수 있다는 점을 기억해야 합니다.

미묘하지만 중요한 내용들이 기계적으로 정돈되면서

전달력이 떨어지기 때문입니다.

표는 적절히 사용할 때와 사용하지 말아야 할 때가 있는 겁니다.

두 번째, 표를 작성하는 기본 원리는 '좌표'입니다.

표는 데이터를 시각적으로 정리하여 행과 열로 구성된 형태로

보여주는 도구입니다.

그래서 표에서는 데이터를 구분해 주는 기본 축이 가장 중요합니다.

표는 가로축, 세로축이 뚜렷해야 데이터의 의미를

전달할 수 있습니다.

만약 기본 축이 흐리멍텅하게 표현되거나 존재감이 미약하면
어떻게 될까요?
칸 속의 단어나 수치가 어떤 의미를 가지는지
명확하게 전달하기 어려워집니다.
표를 보는 사람은 '이 칸에는 무엇이 있고, 저 칸에는 무엇이 있는지'
먼저 알 수 있어야 합니다.

1

2025년 경쟁업체 OO상품 매출 분석

Name	Data 1	Data 2	Data 3	Data 4	Data 5
A회사	0.0	0.0	0.0	0.0	0.0
B회사	0.0	0.0	0.0	0.0	0.0
C회사	0.0	0.0	0.0	0.0	0.0
D회사	0.0	0.0	0.0	0.0	0.0
F회사	0.0	0.0	0.0	0.0	0.0

2

2025년 경쟁 업체 OO상품 매출 분석

Name	Data 1	Data 2	Data 3	Data 4	Data 5
A회사	0.0	0.0	0.0	0.0	0.0
B회사	0.0	0.0	*0.0*	0.0	0.0
C회사	0.0	0.0	0.0	0.0	0.0
D회사	0.0	0.0	0.0	0.0	*0.0*
F회사	0.0	0.0	0.0	0.0	0.0

핵심 인력 유형 정의		
구분	정의	대상 및 관리 방안
Leader Talent	전사의 변화를 주도하고 경영진 후계자로 선발된 인력	• 직급에 따라 3단계로 구성(Executive/Performing/Emerging) • Leadership supply-demand-deployment 차원에서 접근 • 단계별 차별화된 관리 체계 적용
Expert Talent	회사가 정한 전문 영역에서 국내외 최고 전문 인력	• 특정 직무 수행 인력 • 회사의 중장기 전략 실행을 위한 관리 • 철저한 시장 중심의 성과 관리 및 보상 • 관리 책임은 부서장에게 있음
General Talent	회사가 정한 전문 영역에서 국내외 최고 전문 인력 Pool	• Leader /Expert/Marginal Talent를 제외한 구성원 전원 • 해당 분야 전문 역량 강화를 통해 전문가로서 Career Vision 제시
Marginal Talent	다년간 담당 업무에서 낮은 업무 성과를 내는 인력	• 별도의 직무 등급을 신설하여 보상 차별화 • 경력 개선 프로그램 및 전직 지원 프로그램 등을 통해 지원

핵심 인력 유형 정의		
구분	정의	대상 및 관리 방안
Leader Talent	전사의 변화를 주도하고 경영진 후계자로 선발된 인력	• 직급에 따라 3단계로 구성(Executive/Performing/Emerging) • Leadership supply-demand-deployment 차원에서 접근 • 단계별 차별화된 관리 체계 적용
Expert Talent	회사가 정한 전문 영역에서 국내외 최고 전문 인력	• 특정 직무 수행 인력 • 회사의 중장기 전략을 실행을 위한 관리 • 철저한 시장 중심의 성과 관리 및 보상 • 관리 책임은 부서장에게 있음
General Talent	회사가 정한 전문 영역에서 국내외 최고 전문 인력 Pool	• Leader /Expert/Marginal Talent를 제외한 구성원 전원 • 해당 분야 전문 역량 강화를 통해 전문가로서 Career Vision 제시
Marginal Talent	다년간 담당 업무에서 낮은 업무 성과를 내는 인력	• 별도의 직무 등급을 신설하여 보상 차별화 • 경력 개선 프로그램 및 전직 지원 프로그램 등을 통해 지원

두 사례 중 1번은 축이 부각되지 않아

각 칸에 있는 수치나 내용이 무엇을 말하는지 알기 힘듭니다.

이는 거의 엑셀의 내용을 복사하여 그대로 보여주는 정도로,

단순 정보이지 메시지라고 보기 어렵습니다.

2번 사례는 동일한 내용이지만 가로축과 세로축을 부각시키고

핵심 칸을 강조(일명 '셀 부각')하였습니다.

이로 인해 더 나은 메시지 전달과 이해를 돕습니다.

1번 사례에 비해

단박에 메시지를 알아볼 수 있는 수준으로 변화되었습니다.

표는 반드시 축을 강하게 사용해야 합니다.

그래야 정렬된 상태를 정확하게 보여줄 수 있습니다.

이른바 '좌표(Coordinate)'를 찍어서 각 칸이 어떤 영역인지 알게 한 뒤,

그 칸에 기록된 수치나 내용을 이해시켜야 합니다.

세 번째, 칸 속에 있는 내용도 꼭 편집해야 합니다.

앞서 표는 좌표를 찍어주는 행위라고 했습니다.

좌표는 영어로 'Coordinate'이며,

이는 라틴어 'coordinatus'에서 유래합니다.

여기서 'co-'는 '함께'라는 의미를, 'ordinare'는 '정리하다',

'정돈하다'의 의미를 가지고 있습니다.

따라서 **표에는 가로와 세로 축의 조화로운 구분이 있어야 하고**

각 칸의 내부에도 데이터가 정리된 모습이 보여야 합니다.

각 칸에 단어나 수치를 기록할 때도 아래의 편집이

되어 있어야 합니다.

1. 단순한 단어라면 칸 내에서 정가운데 정렬

    (수직·수평적으로 모두 가운데 위치)

2. 문장형이라면 왼쪽 정렬

3. 한 칸에 문장이 여러 개라면

    불릿포인트(Bullet Point, 글머리 기호)로 구분

4. 금액을 나타내는 수치라면 우측 정렬 필수(오른쪽으로 밀어쓰기)

    ※ 금액을 보는 사람은 제일 높은 금액을 빨리 알고 싶어하므로

      우측 정렬을 통해 가독성을 높이는 것임

5. 칸 속에 있는 중요한 단어는 강조 표시

    (글자크기 크게, 언더바, 볼드 처리)

6. 중요한 칸은 강조 처리(색상 부여, 글자 크기 크게)

네번째, 줄은 가급적 최소화해야 합니다.

표에서 축은 강하게 써야 하는 것입니다.

하지만 그 외의 선은 최소화하는 것이 좋습니다.

특히나 세로선은 시선의 흐름을 방해할 수 있으므로

흐리게 하거나 없애주는 것이 필요합니다.

1

Rank	Title	Amount
1	Star Wars (The Last Jedi)	$71,565,498
2	Jumanji (Welcome to the Jungle)	$36,169,328
3	Pitch Perfect	$19,928,525
4	The Greatest Showman	$8,805,843
5	Ferdinand	$7,316,746

2

Rank	Title	Amount
1	Star Wars (The Last Jedi)	$71,565,498
2	Jumanji (Welcome to the Jungle)	$36,169,328
3	Pitch Perfect	$19,928,525
4	The Greatest Showman	$8,805,843
5	Ferdinand	$7,316,746

위 그림으로 설명해 보겠습니다.

1번 표는 너무 많은 선으로 인해 바둑판처럼 보입니다.

셀이 많아질수록 복잡해져서 보기 어려워집니다.

2번 표는 축을 강하게 강조하면서도 세로선을 삭제하였지만

구역의 구분에는 문제가 없습니다.

즉, 각 셀의 정렬을 통해 '보이지 않는 세로선'이 형성됩니다.

선이 줄어들어 복잡성이 낮아지면

표는 훨씬 깔끔하고 시원하게 보여 메시지 전달이 더 용이해집니다.

1

	구분 1	구분 2
Item A	• Text • Text	• Text • Text
Item B	• Text • Text	• Text • Text
Item C	• Text • Text	• Text • Text

2

	구분 1	구분 2
Item A	• Text • Text	• Text • Text
Item B	• Text • Text	• Text • Text
Item C	• Text • Text	• Text • Text

위 그림을 보면 1번 표보다 2번 표가 더 보기 쉽고 시원합니다.

2번 사례의 표는 가로선도 거의 없고 세로선은 아예 없습니다.

단지 X축과 Y축의 구분을 명확하게 표기하면서

보이지 않는 셀이 만들어졌습니다.

훨씬 더 보기가 편하지요.

정렬을 잘하면 '보이지 않는 선'이 생깁니다.

정렬의 힘이 생각보다 큽니다.

표는 글자와 숫자를 집결시켜 전달하는 표현 방식입니다.
구분된 기준을 통해 메시지를 정돈하여 보여줄 수 있는
장점이 있는 반면,
글자와 숫자가 한데 뭉쳐서 보여지다 보니
'표현의 밀도'가 높아진다는 치명적인 단점이 있습니다.

표현의 밀도가 높은 상태에서
가로와 세로를 교차하는 선들까지 많이 존재하면
더욱 밀도가 높아지므로 가독성이 현저히 떨어집니다.
자칫, 큰맘 먹고 봐야 알아볼 수 있는 표현으로 전락하게 됩니다.
그러므로 선을 최대한 줄여서 표현의 밀도를 낮춰야 합니다.

좋은 보고서의 특징은
'표현은 최소화하고, 인식은 극대화하는 것'입니다.

다섯 번째, 가급적 가로형 배열을 활용해야 합니다.
표의 목적은 단순 나열형이 아닌 배열을 통해
메시지를 '전시(Exhibition)'하는 것입니다.

① 26년 경영 계획 수립 워크샵 개요

항목	세부 내용
일시	2025년 12월 10일(화) 09:00 ~ 17:00
장소	서울 근교 연수원 회의실(향후 확정)
참석자	CEO, 경영진, 경영기획팀장, 외부 컨설턴트
주요 활동	- 09:00 ~ 09:30 : 개회 및 인사말 - 09:30 ~ 11:00 : 2024년 성과 리뷰 및 피드백 - 14:30 ~ 17:00 : 주요 프로젝트 계획 수립 및 논의 　　　　　　　　　(외부 컨설턴트 진행)
예산	300만 원(장소 대관료, 외부컨설팅사 용역비)

② 26년 경영 계획 수립 워크샵 개요

일시	장소	참석자	주요 활동
2025년 12월 10일(화) 09:00 ~ 17:00	서울 근교 연수원 회의실 (향후 확정)	CEO, 경영진, 경영기획팀장, 외부 컨설턴트	- 09:00 ~ 09:30 : 개회 및 인사말 - 09:30 ~ 11:00 : 2024년 성과 리뷰 및 피드백 - 14:30 ~ 17:00 : 주요 프로젝트 계획 수립 및 논의 　　　　　　　　　(외부 컨설턴트 진행)
예산	300만 원(장소 대관료, 외부 컨설팅사 용역비)		

위 그림을 보십시오

1번 표의 세로형 배열은 보고서의 면적을 과도하게 많이 사용합니다.

거의 9~10줄 정도의 분량을 차지하므로,

낭비를 최소화해야 하는 보고서 작성에는 적절하지 않습니다.

반면, 2번 표의 가로형 배열을 보면 훨씬 적은 면적을 사용합니다.

약 5~6줄 정도만 차지합니다.

확실히 절약된 상태로 바뀌었고 보기도 편합니다.

가로형 배열이 좋은 이유가 면적을 알뜰하게 사용할 뿐만 아니라
인지 방식에서도 장점이 있기 때문입니다.
우리는 위에서 아래로 내려가는 시선의 흐름보다는
왼쪽에서 오른쪽으로 가로로 흐르는 시선을 더 편안하게 느낍니다.
그래서 시선이 가로로 흐르면서
메시지를 빠르게 볼 수 있도록 만드는 표의 구조가
전달에 훨씬 유리합니다.

여섯 번째, 표에 '기타(etc)' 항목에 너무 많이 내용을 쓰지 말아야 합니다.
표를 작성할 흔히 저지르는 실수나 함정 중 하나가
'기타'라는 칸을 남용하는 것입니다.

다음 쪽의 그림은 '기타'가 오용된 사례입니다.

'기타'에는 정말 필요하지만 구분이 애매한 내용만
최소한의 수준으로 기록해야 합니다.
특이 사항 한두 개, 고려 사항 한두 개만 들어갈 수 있는 칸이
'기타'입니다.
하지만 우리는 '기타'의 존재를 단순히 '창고'라고 여깁니다.

26년 경영 계획 수립 워크샵 개요

일시	장소	참석자	주요 활동
2025년 12월 10일(화) 09:00 – 17:00	서울 근교 연수원 회의실 (향후 확정)	CEO, 경영진, 경영기획팀장, 외부 컨설턴트	– 09:00 ~ 09:30 : 개회 및 인사말 – 09:30 ~ 11:00 : 2024년 성과 리뷰 및 피드백 – 14:30 ~ 17:00 : 주요 프로젝트 계획 수립 및 논의 (외부 컨설턴트 진행)
예산	300만 원(장소 대관료, 외부 컨설팅사 용역비)		
기타	– 장소 이동은 자체 이동함 / 이동비용 지원 없음 – 불참자는 진행 2주전까지 경영기획팀 OOO책임에게 통보 필수 본부장급은 필수이며 불참인 경우 해당 본부 기획팀장 대체 필수 – 워크샵 진행 후 가벼운 석식 진행 예정(회의실 인근 식당 예정) – 외부 컨설턴트 : OOO 교수 / OO대학 경영학과 / OOO컨설팅과 협업 – 25년 성과 리뷰 자료는 12월 1일까지 취합 예정		

예를 들어, 편의점의 창고는 지금 당장은 아니지만

언젠가 필요한 물건을 쌓아두는 곳입니다.

가치가 있지만 굳이 지금 필요하지 않은 것들이 모여있는 곳이

창고입니다.

우리는 '기타'를 창고처럼 치부하여

여기에 너무 많은 기록을 남발합니다.

작성자가 정돈할 수 없었던 자잘한 정보를 다 넣다 보니

'기타'가 마구잡이로 활용되면서 정리되지 않은 메시지가 남발되어

보고서가 오염되는 경우가 많습니다.

이렇게 마구잡이로 정보를 쓸어 담은 방식의
'기타' 칸의 남용이 잦아지다 보니,
어떤 회사에서는 표를 구성할 때 '기타' 칸을 아예 작성하지 못하도록
CEO가 지시한 경우도 있었습니다.

표에서 '기타'의 존재 목적은 '특이점 기록'이라는 것을
잊지 말아야 합니다.

도형, 그래프 보는 법 　바로 확인할 수 있는가?

도형과 그래프는 최대한 절제된 활용만!

메시지 유형별 차이

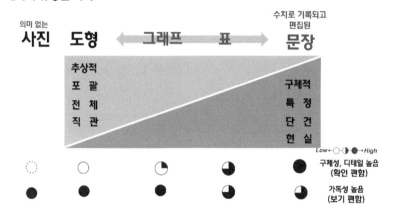

이 그림을 다시 보겠습니다.

문서적 표현에서 가장 중요한 것은

'정확한 정보 전달'과 '빠르고 직관적인 습득' 딱 두 가지 입니다.

확인이 용이한 동시에 보기도 편해야 좋은 보고서 표현입니다.

위 그림에서도 볼 수 있듯이

도형과 그래프는 보기에는 편하지만

'구체적이고 디테일한 확인'이라는 영역에서는

태생적으로 취약합니다.

따라서 절대로 남용(Overused)하거나 오용(Misused)해서는 안 됩니다.

도형과 그래프가 남용(Overused)되면 안 좋은 점을

몇 가지 말씀드리겠습니다.

(도형과 그래프의 오용 사례와 유의 사항은 잠시 후에 다룹니다.)

첫째, (도형, 그래프가 남용되면) **작성자만 아는 메시지로 전락합니다.**

도형과 그래프는 '디테일한 정보'를 뒤로 하고

'패턴'을 전면에 내세워 보여줍니다.

따라서 작성자가 표현하고자 하는 특정 단어나 구체적인 수치가

패턴 속에 파묻히게 됩니다.

보고서를 작성한 사람만 알고 독자는 모르고 넘어갈 수 있는 표현은

매우 위험합니다.

이는 정보 전달을 운(運)에 맡기거나 독자의 집중력에 의존하게 만듭니다.

둘째, (도형, 그래프가 남용되면) **오히려 뜻이 흐려져 디테일이 약해집니다.**

"세상의 모든 가짜는 필요 이상으로 화려하다"는 말이 있습니다.

멋지게 작성된 도형과 그래프는 그럴듯해 보이고 화려하지만,

그것이 전부인 경우가 많습니다.

디자인에 신경 쓰다 보니 구체성과 디테일이

상대적으로 낮아집니다.

도형과 그래프를 작성하는 시간은 두세 배 이상 들어가지만

근본 목적인 정보 전달이 약해지므로 '효율'도 없습니다.

사용하는 프로그램이 파워포인트든, MS워드든, 흔글이든 상관없이

도형의 남용은 큰 문제입니다.

실제로 그럴듯한 도형 남발로 인해 본질이 흐려지거나

정작 중요한 내용의 확인이 어려운 보고서에 대한

경영진의 질책과 실망이 많이 큽니다.

셋째, (도형, 그래프가 남용되면) 보고서의 면적을 과도하게 차지합니다.

짧고 강해야 좋은 문서입니다.

작성된 '분량'은 짧을수록 좋고

(물리적으로 적은 분량과 확인 시간의 단축)

작성된 '메시지'의 임팩트는 강할수록 좋습니다.

(내용적인 깊이와 이해 득실에 대한 정확성)

일반 보고서든, 이메일이든, 슬랙이든, 노션이든

작성된 내용은 짧아야 좋습니다.

분량이 많아지면 집중력은 저하됩니다.

1분 넘는 동영상을 좋아하는 사람도 없고
스크롤의 압박을 싫어하듯이
보고서의 절대적 분량이 늘어나는 것을 좋아하는 사람도 없습니다.
한두 줄로 간단히 설명할 수 있는 내용도,
도형과 그래프로 표현하면 페이지의 4분의 1은 사라지게 됩니다.

넷째, (도형, 그래프가 남용되면) 보고서의 논리적 흐름이 깨집니다.
보고서 작성 능력이 떨어지거나
자신의 보고서에 확신이 없는 사람들이
일명 '양 불리기' 전략을 구사합니다.
이는 낮은 문장력과 논리적 모순을 숨기는 방법입니다.
도형과 그래프의 남용은
이러한 양 불리기 전략의 가장 만연한 방식이기도 합니다.

도형과 그래프는 개별적인 메시지 표현이어서
단독으로 뛰는 '용병'과 같습니다.
남발된 도형과 그래프는 보고서의 거시적 흐름을 무너뜨려
메시지 간의 연결성이나 맥락을 확인하기 어렵게 만듭니다.
극단적으로는 보고서를

단일 메시지들의 나열과 기계적인 배치 상태로 전락시킵니다.

보고서의 거시적 논리 흐름에

도형과 그래프가 천적이 될 수 있다는 점을 생각해야 합니다.

눈은 짧게 움직이는 것이 좋다!

그래프나 도형을 활용할 때 '범례'를 표기하게 됩니다.

범례(凡例)는 그래프나 도형에 쓰인 항목의 내용을 설명하거나

정의하는 표현 방식입니다.

우리말로는 '일러두기',

영어로는 'Introductory remarks', 'Explanatory notes'입니다.

범례는 각 항목의 내용을 정확하게 짚어주어

그래프와 도형의 구체성을 높여주는

매우 중요한 표기 방식입니다.

하지만 형식적으로 범례를 기록하면

메시지가 오히려 모호해지거나 확인하기 불편한 상황이

많이 발생할 수 있습니다.

다음 쪽의 사례를 보십시오.

1번 그래프보다 2번이 훨씬 더 보기 편하고 확인도 빠릅니다.

'가독성'과 '구체성'이 모두 좋은 것이죠.

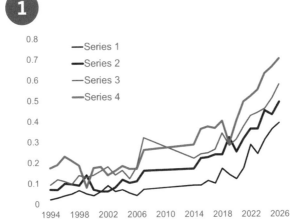

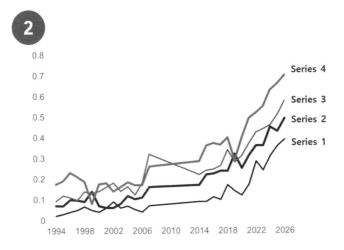

1번 그래프는 범례 표기를 인접하지 않은 곳에 배치하였습니다.

그래서 각 라인이 무엇을 뜻하는지 하나하나 짚어서 보아야

확인이 가능합니다. 매우 불편합니다.

작성한 당사자는 범례 위치를 조정해 주는 작업을 덜어서 좋겠지만,
읽어야 하는 사람에게는 상당한 인내심이 필요하게 됩니다.
이러한 그래프가 위험한 이유는 전달이 어렵기 때문입니다.

2번 그래프를 보면 범례의 위치를 세부 라인과
인접시켜서 훨씬 더 확인이 빠릅니다.
위치 하나 바꿨을 뿐인데도
이렇게 수월한 전달과 확인이 가능합니다.

보고서 표현의 대전제는 '눈은 짧게 움직이는 것이 좋다'는 것입니다.
보고서를 보는 시선이 일관성 있게 유지될수록 편안합니다.
여기저기로 시선이 왔다 갔다 하게 만드는 표현 방식은
독자에게 상당한 피로감을 줍니다.

보고서는 물 흐르듯이 슥슥 볼 수 있도록 만드는 것이
매우 중요합니다.
앞서도 말씀드린 바와 같이
남의 쓴 보고서를 책임지기 위해 확인하는 작업은
상당히 귀찮은 일입니다.
마음이 너그럽지 않은 상태에서 접하는 투박하고 불친절한 보고서는
더 보기 싫어집니다.

이제는 도형의 사례도 보겠습니다.

1

분석	설계	실행	평가/개선
· Text	· Text	· Text	· Text
· Text	· Text	· Text	· Text
· Text		· Text	· Text
· Text		· Text	
~25년 11월	~26년 1월	~26년 6월	~26년 11월

2

~25년 11월	~26년 1월	~26년 6월	~26년 11월
분석	설계	실행	평가/개선
· Text	· Text	· Text	· Text
· Text	· Text	· Text	· Text
· Text		· Text	· Text
· Text		· Text	

프로젝트 추진의 4단계를 설명하는 도형입니다.

각 단계별로 어떤 활동을 하는지 설명하는 것이 핵심 목적입니다.

즉, 4단계의 흐름이 핵심 메시지 포인트이니

단계별 시점과 데드라인의 확인이 매우 중요합니다.

1번 사례에서는 시점 표기가 가장 아래 배치되어 있어

즉시 확인이 어려운 반면

2번 사례에서는 진행 단계와 시점 표기가 인접해 있어서

동시 확인, 즉시 확인이 가능하여 더 편안하게 볼 수 있습니다.

중요한 사항끼리는 인접해 있어야

메시지 확인이 편하고 전달이 안전합니다.

보고서 표현에서 '눈은 짧게 움직이게 하는 것이 좋다'는 것은

"즉시 확인(Direct Viewing)이 가능한가?"로도 설명될 수 있습니다.

도형이나 그래프를 확인하는 입장에서 생각해봅시다.

보고서의 결재자는 아래와 같은 요구를 생각합니다.

"내가 어디를 봐야 하는가?"

"내가 놓치면 안 되는 것이 무엇인가?"

"내가 무엇을 집중해서 확인하면 되는가?"

하지만 많은 실무자들은 그래프와 도형을 작성하는 데에 신경 쓸 뿐

정작 중요한 것을 정확하고 강하게 전달하는 표현에 서툽니다.

보고서가 10장이어도 모두 중요한 것은 아닙니다.

그 중에 가장 중요한 킬러 메시지(Killer Message) 몇 개가

반드시 있습니다.

도형과 그래프에서도 마찬가지입니다.

가장 중요한 메시지를 명확하게 짚어주고

즉각 확인하도록 도와야 합니다.

"본부장님! 아무리 바쁘셔도 이건 꼭 보셔야 합니다!"

이러한 확신과 용기가 있다면 그 메시지만큼은

강하게 소구(Appeal)해야 합니다.

위 사례에 나오는 두 가지 그래프는 동일한 메시지를 전달하지만

전달 속도와 확인 속도에서 현저한 차이가 발생합니다.

무엇이 다를까요?

첫째, 2번 그래프는 제목부터 다릅니다.

강렬하게 지목해주는 제목이 붙으면 그래프 내용의

정확한 확인이 가능합니다.

1번 그래프는 "그래서… 불량률이 어떤 상황인거야?"라는

의구심을 가지고

내용을 찾아내야 하는 숙제를 주는 방식입니다.

결재하고 확인하는 사람에게는 매우 귀찮은 겁니다.

하지만 2번 그래프에서는 아주 과격할 정도로 대놓고 던지는

제목이 있습니다.

"○○단계에 불량률이 38%나 몰려있어?"라는

1차 메시지를 접수하고,

아래의 그래프 내용을 직접 확인하도록 하는 2차 점검이 가능합니다.

직구로 던져야 시선이 분산되지 않고 그래프를 확인할 수 있습니다.

둘째, 2번 그래프에는 강조하는 포인트에 별도 표기되어 있습니다.

경영진 바로 옆에서 "이 부분을 보셔야 합니다!"라는

말을 할 수 없다면 이렇게 강조점을 표기해 주어야 합니다.

그래야만 해당 영역이나 항목을 즉시 확인하고

상대적으로 더 많이 시선과 관심을 부여할 수 있습니다.

다음 사례 또한 동일한 내용이지만 전달과 확인 속도가

현저히 차이 나는 그래프를 비교해서 보여줍니다.

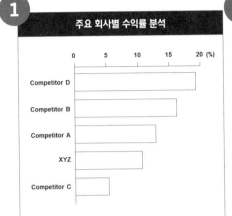

2번 그래프는 제목 표기가 훨씬 더 직설적이며,

눈여겨봐야 하는 핵심 항목을 정확하게 강조하면서

수치를 바로 기입(Direct Labeling)하였습니다.

그와 동시에 고려해야 하는 전체 시장의 평균값도 보여줍니다.

1번 그래프보다 2번 그래프가

메시지 표현의 친절함 정도가 훨씬 상승하여

즉시 확인, 즉시 이해가 가능하며 시선 또한 분산되지 않습니다.

보고서는 쓰는 것이 중요하지 않습니다.

남이 알아보는 것이 중요한 것입니다.

이러한 '구체적 제목'과 '강조점의 표현'은

그래프만이 아닌 도형의 표현에서도 동일한 힘을 발휘합니다.

자료에 대한 적극적인 설명!

그래프는 수치적 분석 결과를 전달하는 대표적인
'의사 결정 지원 메시지'입니다.
물리적으로도 보고서의 큰 면적을 차지하지만,
그럼에도 불구하고 그래프를 쓴다는 것은
아주 중요한 사실관계나 논리적 추론을 제시하겠다는
실무자의 의지입니다.

하지만 많은 보고서 작성자들은
이심전심(以心傳心)이 통할 것이라는
허황된 믿음을 가지고 있습니다.
그래서 그래프나 자료를 구체적인 설명을 생략한 채
보고서에 내던집니다.

중요한 메시지의 전달을 행운에 맡기면 절대 안 됩니다.
"알아서 보겠지" 하는 안이한 생각은 엄청난 오해의 씨앗이 되고
그로 인한 불이익은 보고서 작성자가 감내해야 합니다.

'실무자가 작성한 것'과 '독자가 내용을 알아보는 것'이
무조건 동일하지 않습니다.

실무자가 보고서를 통해 100을 전달하고자 했다면

보고서를 받은 독자는 거의 50 정도만 이해한다고 보면 됩니다.

보고서의 표현을 검토할 때에는

메시지가 안전하게 전달되는지 확인해야 합니다.

특히 중요한 내용을 포함하고 있는 그래프와 자료라면

더욱 그렇습니다.

'눈앞에 갖다 주듯이', 더 격하게는 '떠먹여 주다시피' 해야 전달됩니다.

아래의 사례를 보십시오.

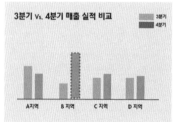

보편적 메시지	표면에 보이는 내용 중 가장 중요한 메시지 /**Key Point** *B지역의 매출이 전분기 35% 상승함*
맥락적 메시지	**Data** 이면에 있어 실무자가 해석을 해낸 메시지 /**Insight** *이는 상반기 시행했던 지역 특화 OO마케팅 실행의 효과로 보임*
실행적 메시지	고객/당사/이해당사자가 **취해야 하는 행동**을 담은 메시지 /**Recommendations** *향후 유사 지역인 C,D에 OO마케팅 방식을 적용해야 함*

대부분의 보고서는 그래프를 작성하고 나서

그에 대한 부연 설명을 하지 않는 경우가 많습니다.

작성하는 입장에서 귀찮기도 하고

"당연히 잘 확인하겠지" 하는 순진한 기대가 작동하기 때문입니다.

그래프나 자료는 정확한 전달이 생명입니다.

정확한 전달을 위해서는

세 가지 메시지를 같이 기록해 주는 것이 필요합니다.

첫째, '보편적 메시지'입니다.

그래프나 자료가 담고 있는 '키포인트(Key Point)', '팩트'입니다.

그래프나 자료의 표면으로도 보이지만

가장 중요한 내용을 콕 짚어 소개하는 것입니다.

작성자는 작성하면서부터 이것이 제일 중요하다는 것을 알지만

결재하는 의사 결정자는 이를 놓칠 수도 있기 때문에

그래프와 자료의 키포인트는 정확히 짚어 주어야 합니다.

여기에 디자인적인 강조점이 들어가면 더 좋겠지요.

샘플에서는 두툼한 점선으로 B지역의 4분기 매출이

상승한 영역을 강조했습니다.

둘째, '맥락적 메시지'입니다.

그래프나 자료의 이면에 있는 '인사이트(Insight)', '해석'입니다.

눈에 보이지 않지만 전후 맥락 속에 존재하는

'유추된 의견' 메시지입니다.

'팩트'보다 '해석'과 '의견'이 더 소중할 때가 있습니다.

'팩트'는 눈에 보이는 것이고 일반적인 것이지만

'해석'과 '의견'은 우리 회사, 우리 조직 구성원들만이 가지는

고유한 것이기 때문입니다.

샘플에서는 B지역의 매출 상승이 일어난 이유를

다른 연결된 자료를 기반으로 유추한 의견을 제시했습니다.

마지막 셋째는 '실행적 메시지'입니다.

그래프나 자료를 기반으로 고객/조직/이해 당사자들이 취하면

좋은 행위를 제시하는 '권고(Recommendations)'입니다.

보고서를 확인하고 판단하는 입장에서 가장 매력적인 메시지는

"그래서 나(조직)는 무엇을 하라는 것인가?"입니다.

모든 사람은 "What's in it for me?"라는 생각으로

보고서를 확인합니다.

"나보고 어떻게 하라고?", "내가 뭐하면 되는데?"

이에 대한 답을 얻고 싶어 합니다.

보고서의 작성자이자, 과제의 실무 책임자로서
주도성을 보일 수 있는 가장 값진 메시지는 '권고'입니다.
"그래서 우리(회사)는 ~~해야 합니다."
이는 단순한 보고서 작성자를 넘어
컨설턴트의 입장에서 고객과 조직에게 도움을 주고자 하는
진정성과 영혼이 보이는 메시지입니다.

위 샘플에서는 "효과성이 높았던 실행 전략을 특정 지역으로
확대해야 한다"고 추천했습니다.
물론 이 권고를 받아들일지 말지는 상대의 판단에 맡깁니다.
하지만 보고서 작성자가 보이는 주도적인 모습 자체만으로
큰 가치가 있습니다.

그래프에 '팩트', '의견', '권고'의 메시지를 작성한 사례를
하나 더 보겠습니다.

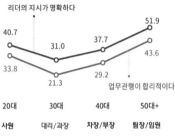

보편적 메시지	표면에 보이는 내용 중 가장 중요한 메시지 / Key Point
	실무자와 리더간 업무지시와 업무관행의 긍정성에 대해 이견이 큼
맥락적 메시지	Data이면에 있어 실무자가 해석을 해낸 메시지 / Insight
	이는 최근 진행한 리더십 진단 중 리더의 자기인식수준 낮은 결과와 연관이 있음
실행적 메시지	고객/당사/이해당사자가 취해야 하는 행동을 담은 메시지 / Recommendations
	향후 리더십 프로그램에서 업무지시 관련된 교육을 강화할 필요가 있음

HR부서의 **교육담당자라면**

왼쪽에는 특정 기업의 조직 문화 진단 결과를 보여주는

그래프가 있습니다.

그래프의 표면에서 드러나는 제일 중요한 '팩트'를 뽑아보면

"실무자와 리더 간 인식 차이가 크며,

특히 중심 실무자 직급인 대리/과장급과 관리자들의 간극이

제일 크다"입니다.

이 그래프에서 주목해야 하는 포인트를 제시합니다.

그 '팩트'가 나오게 된 과정이나 사연을 '해석'하고 '유추'하여

"최근 관리자 대상 리더십 진단 결과 중

타인에게 보여지는 자신의 리더십 행동에 대한

객관적 이해가 낮았다"는 연계성을 제시합니다.

그리고 조직의 성장을 위해 필요한 행동을 '권고'하며
"향후 리더의 업무 지시 스킬 강화를 위한 학습 프로그램을
편성해야 한다"는 미래 지향적 메시지를 제시합니다.

그래프와 자료에 대한 3대 메시지 '팩트, 의견, 권고'를
공들여 구사하는 대표적인 직업군이 '증권가 애널리스트'입니다.

이들이 작성하는 보고서에는
여러 경제 지표와 수치 데이타를 분석하여
고객이나 펀드 매니저의 투자에 도움이 되는 메시지를 기록합니다.

예를 들어 반도체 관련된 ○○지표에 대해서 보고서라면
아래와 같은 내용 기반으로 작성되는 경우가 많습니다.

(팩트) "○○ 부분이 ~% 증가했다."

(의견) "이는 ~~의 영향으로 보인다. 실제 ~~한 연관성이 있다."

(권고) "~~ 영역의 추가 매수를 권고한다."

그래프와 자료는 스스로 메시지를 전달하지 못합니다.
잘못 작성되거나 또는 거칠게 던져진 그래프와 자료는

상대의 시간을 뺏고 보고서의 면적만 차지하는

천덕꾸러기가 될 수 있습니다.

정성들여 만든 그래프나 자료인 만큼

정성들인 메시지를 곁들여 주어야 비로소 전달이 완성됩니다.

'팩트, 의견, 권고'

이 3대 메시지를 꼼꼼히 챙겨서 작성하는 습관을 들이면

좋은 점 몇 가지를 아래의 표로 정리했습니다.

팩트, 의견, 권고 메시지를 기록하면 좋은 점	
정확한 설명이 친절하게 기록되기 때문에	그래프, 자료의 **'안전한 배달'**이 가능함
자료 속에서 '의견'과 '해석', '실행 권고'를 찾으려 하기 때문에	Data를 **'보는 눈'**이 생김
꼭 필요한 것만 집중하기 때문에	그래프, 자료 작성 시 **'군더더기 최소화'**가 가능함
일반적 Data 속에 있는 '핵심 메시지'를 알기 때문에	그래프, 자료에 **'강조점'**을 정확하게 표기함

4

보고서
피드백

지금까지 '메시지, 논리, 표현'의 관점으로
보고서를 검토하는 방법을 탐구했습니다.

무언가를 검토를 하는 이유는
부족했던 과거에서 더 나아진 미래로 나아가기 위함입니다.
'검토(과거)'는 '개선(미래)'으로 연결되어야
보고서의 여정이 완성됩니다.

이제부터는 검토 후 개선과 수정을 위한 대화 방식을
소개하겠습니다.
즉 '보고서 피드백'입니다.

우리는 '피드백'이라는 개념을 보다 넓게 볼 필요가 있습니다.
이제부터 등장하는 보고서 피드백의 전략과 방법은
리더가 실무자에게 하는 탑다운(Top Down)식 대화에만
국한되지 않습니다.

피드백은
타인과 주고 받는 상호작용의 대화(Mutual conversation)이기도 하지만
스스로와 진행하는 '자기 점검의 대화(Self talk)'일 수도 있습니다.

그래서 지금부터 소개하는 보고서 피드백의 내용은

리더에게는

실무자에게 보고서 개선 의견을 제시하는 장면에서

더욱 건설적이고 수용성이 높은 대화를 진행하도록 돕는 데
목적이 있습니다.

실무자에게는

자신의 보고서에서 취약점을 파악하고

이후 효과적인 개선 방향을 스스로 생각하도록 돕는 데
목적이 있습니다.

이 책을 읽는 분들이 보고서 작성 실무자라면
이후에 나올 피드백 내용을
자신의 보고서에 대한 상사의 피드백이라고 생각하고
현실에 접목해 보기를 권장합니다.

스스로 깨닫게 만들어야 하는 중요한 이유

"내 표정을 봤으니 이제 알아서 잘하겠지."

"본인도 의지가 있다면 어떻게 수정해야 할지 고민하겠지."

막연한 기대를 가지고 보고서의 업그레이드를 원하면 안 됩니다.

이는 미신적인 바람과 다르지 않습니다.

보고서를 검토하는 리더는

명확하고 건설적인 방법으로 수정 필요점을 제시해 주어야 합니다.

강의 현장에서 실무자들의 의견을 들어보면

그들이 가장 어려워하고 혼란스러워하는 두 가지가 있습니다.

'좋은 업무 지시를 하지 않으면서 좋은 보고서를 원하는 것',
'작성된 보고서에 대해 정확한 의견을 제시하지 않으면서도
잘 수정된 보고서를 원하는 것'

이러한 리더의 무책임한 기대가 악순환을 초래하면서
시간은 낭비되고 실무자의 의욕도 무너집니다.

좋은 보고서의 70%는 실무자의 손을 통해 만들어지고
나머지 30%는 리더의 눈과 입을 통해 완성되는 것입니다.
리더는 좋은 보고서를 만들어가는 과정을 도와야 합니다.
그것이 바로 '피드백'입니다.

리더가 제공하는 보고서 피드백이 중요한 이유를
몇 가지 들어보겠습니다.

첫째, 피드백을 통해 보고서 수정의 '시간 효율'을 높입니다.
헤밍웨이가 했던 유명한 말이 있습니다.
"모든 초안은 걸레다."
처음부터 좋은 보고서가 나오기란 어렵습니다.
당연히 다듬는 과정이 있어야 합니다.

피드백을 통해 더 효율적으로 수정하고 보완하는 것은 필수입니다.
정확하고 구체적으로 개선을 짚어주는 피드백이 있어야
실무자가 고민을 덜 하고 더 빨리 나은 보고서를 완성할 수 있습니다.
그러므로 보고서의 개선이 필요하다면 빙빙 돌리지 말고
정확하게 대화하며 전달해야 합니다.

둘째, 피드백을 통해 실무자가 '스스로 깨닫게' 만듭니다.
열심히 몰입해서 작성하다 보면 보고서의 논리적 오류나
서툰 표현들을 놓치게 됩니다.
자기 보고서의 습관적 문제를 인식해야
더 나은 수준을 지향할 수 있습니다.

아이의 문제 행동을 개선하는 TV 콘텐츠에 출연한
다양한 전문가들의 의견은 늘 유사했습니다.
동일한 실수, 특히 잘못된 것인지 모르고 하는
무의식적인 실수가 반복되고 있다면,
그것은 아이의 행동 문제이기도 하지만
부모님의 무관심과 방치가 더 큰 원인이었습니다.
시간을 내어 대화하고 무엇이 왜 문제인지 알도록 해주어야 합니다.

보고서를 일부러 나쁘게 쓰는 실무자는 없습니다.

몰라서 하는 실수이거나 중요하게 생각하지 않아서 발생하는
오류가 훨씬 더 많습니다.
리더는 이러한 실수를 스스로 인지하도록 유도하며
대화해야 합니다.

셋째, 피드백을 통해 '향후 더 좋은 퀄리티'의 보고서를 작성하게 됩니다.
우리의 업무는 한 번의 보고서에서 멈추지 않습니다.
업무가 크든 작든 보고서로 소통하며 일하기 때문에
보고서 작업은 일상입니다.
한 건의 보고서를 통과시키고 결재를 얻어내는 것보다
앞으로 좋은 보고서를 작성하는 능력을 만들어 주는 것이
더 중요합니다.

실무자가 자신의 보고서에서 개선점을 알고 수용하게 되면
다음 번 보고서 작성 시 이 교훈을 적용하게 됩니다.
'자가 발전(Self Development)'하는 것이지요.

이 과정 속에서 조금씩 변화되어 더 나은 보고서를 작성하는 능력이
커집니다.
지금은 서툴고 뚝딱거렸어도 중요한 것은 미래입니다.
같은 실수를 반복하지 않으면 되는 겁니다.

어제보다 나아졌다면 실무자는 성장하고 있는 것입니다.

넷째, 피드백을 통해 '리더의 업무 철학과 신념'을 보여줍니다.

보고서는 해당 조직의 업무 방향과 중요한 성과를 담은 그릇입니다.

피드백은 단순한 보고서 교정을 넘어서

리더가 가진 신념과 중요한 가치를 보여주는 행위입니다.

팀과 조직을 끌어나가는 업무 풍토와

성과 창출 과정에서 지키기를 바라는 원칙을 제시하는 것이

피드백입니다.

"김 책임의 보고서는 문제가 많아…

항상 빈틈이 많고 매사가 덜렁거려…

이러면 나랑 일 못 해"

과격한 피드백은 사람만 잃고 개선도 없습니다.

이는 실무자의 의욕을 꺾고 더 엇나가도록 만드는 인신 공격이자

빈정거리면서 돌려까는 겁니다.

개선된 미래를 말하는 것도 아니고

실무자의 모든 생각과 행동을 모조리 싸잡아

다 잘못되었다고 치부하는 겁니다.

이런 피드백은 실무자에게

"나는 네가 여러모로 싫어"로 전달됩니다.

아주 위험합니다. 결국 바뀌는 것 하나 없이 사람만 잃는 겁니다.

리더의 보고서 피드백은

디테일해야 하면서도 묵직해야 하며

현상을 이야기하면서도 미래 지향적이어야 합니다.

사무적이면서도 감성 터치를 유지해야 합니다.

그래서 어렵습니다.

차근차근 조곤조곤 개선을 말하는
피드백 구조 F-T-A

보고서 개선이 필요한 상황에서 적절한 피드백의 대화 방법을
소개하겠습니다.

보고서에 대한 **피드백은**…

1	*옳은* 말인가?	현실, 실물기반의 **사실**	Fact
2	*(지금) 필요한* 말인가?	성과와 성장을 위해 정제된 **의견**	Thought
3	*친절한* 말인가?	공감과 존중을 가진 **열린 질문, 요청**	Ask

이 그림은 책의 초반에서 제시했던

'좋은 보고서를 위한 자기 점검 질문'을

피드백 대화의 구조와 연결시킨 내용입니다.

보고서의 변화와 개선을 유도하려면

'F-T-A' 구조로 피드백하는 것을 권장합니다.

F-T-A의 대화 구조는 피드백 메시지의 흐름입니다.

각 메시지마다 고유한 의미도 존재하지만

메시지가 순차적으로 전달되어야 한다는 점을

염두에 두기 바랍니다.

보고서 피드백의 첫 번째 메시지는 'Fact'입니다.

현실과 사물, 즉 보고서에 기록되고 표현된 사항을 바탕으로

피드백이 시작되어야 합니다.

보이지 않는 것, 지금 확인할 수 없는 것을 가지고

피드백을 하는 것은 추측에 불과합니다.

추측에 의존한 피드백을 하면

실무자에게 변명의 여지를 줄 뿐만 아니라

리더의 감정과 생각을 강요하는 경향이 짙어집니다.

논란의 여지가 없도록 하려면

'기록된 결과물'과 '서로 확인 가능한 팩트'에서

피드백 대화가 출발해야 합니다.

보고서에서 무엇이 누락되었는지, 어떤 오류가 있는지,

어떤 실수가 있는지를 객관적으로 짚어야 합니다.

보고서 피드백의 두 번째 메시지는 'Thought'입니다.

리더가 보고서를 보면서 생긴 '생각과 관점'을 말하는 것입니다.

메시지, 논리, 표현에서 보이는 오류가 무엇이고

'이것이 왜 문제인지' 설명하는 것입니다.

'Thought'는 감정이 아닙니다.

발생한 현상이 일으키는 문제점이나 부작용,

개선되지 않으면 생길 수 있는 단점을 말해주는 것입니다.

또한 'Thought'는 대승적 관점에서의 생각과 견해여야 합니다.

"리더인 나는 이런 것이 싫다",

"리더인 나에게 이런 피해가 있다"와 같은

개인적 호불호를 앞세우는 멘트는 너무 이기적이며

설득력이 약합니다.

'Thought'는

팀, 조직, 회사, 고객의 성장과 성과에 연결된 이타적 의견이어야 합니다.

그래야 실무자가 리더의 의견을 받아들이고

더 넓은 관점에서 바라볼 수 있습니다.

예를 들어 보고서에 오타가 많다는 리더의 피드백을 들은 실무자가

어떤 생각을 하게 될지 생각해 봅시다.

1

**"팀장님이
오타를 싫어하는구나"**

2

**"인사팀 공문에 오타가 많으면
현장에 계신 직원들이
우리 팀 업무에 대해
신뢰도가 떨어질 수 있겠구나"**

1번의 마음을 가진 실무자는

'리더의 취향만 맞춰주면 내 보고서의 문제는 없는 것'이라고

오해합니다.

"오타 조심!"이라는 것만 기억에 남습니다.

2번 마음을 가진 실무자는

"보고서의 작은 오류들도 상대의 신뢰를 깰 수 있구나"라고

인식합니다.

"작은 것에도 꼼꼼하게 신경 쓰자!"라는 생각을 가지면
오타만이 아니고 미세한 편집 상태도 한 번 더 체크하려는
습관이 생깁니다.

피드백은
'실무자의 실수 + 리더의 희망'과 같은 작은 대화가 아닙니다.
"문서적 부족함 + 고객과 조직의 기대"로 이뤄진
크고 대승적인 대화여야 의미가 있습니다.

보고서 피드백의 메시지 마지막은 'Ask'입니다.
'Ask'는 '질문하다'와 '요청하다'라는 두 가지 의미를 가지고 있습니다.
두 가지 행위를 다 해야 좋은 피드백 대화가 됩니다.
질문을 해야 대화가 이어집니다.

피드백은
리더가 혼자서 쏟아내면 실무자가 듣고 반성하는
'지적의 대화'가 아닙니다.
주고받는 의견 속에서 더 단단해지고 생각을 정리하는
'개선의 대화'입니다.

리더가 보고서에 대해 질문과 상호작용 없이

개선점만 일방적으로 말하게 되면 어떤 부작용이 있을까요?

질문을 하지 않으면

실무자의 '수용'과 '책임감'에 문제가 생길 수 있습니다.

상급자의 의견을 무조건 수용해야 하는 것은

예전 시대의 군대에서만 있었습니다.

주고받는 대화 속에 상황이 더 뚜렷하게 공유되고

현실적인 개선을 함께 찾아낼 수 있습니다.

질문을 해야 리더가 몰랐던 이면의 상황, 현장 속 어려움,

실무자가 가진 인식의 문제를 들어볼 수 있습니다.

그래야만 근원적 처방과 개선 방안을 찾아낼 수 있습니다.

피드백의 궁극적 목적은 '경고'가 아닌

'건설적 처방과 개선'임을 생각한다면

질문은 매우 중요한 피드백의 핵심 행위입니다.

그래서 질문은 항상 '열린 질문'이어야 합니다.

"혹시… 이렇게 ~~가 빠진 이유가 있을까?"

"혹시… 이번에 사전 검토를 못한 이유가 있어?"

"혹시… 김 책임은 어떻게 생각해?"

위 사례처럼 실무자의 의견을 듣기 위한 질문이 '열린 질문'입니다.

이러한 '열린 질문'을 통해 실무자가 처한 상황이나 생각을

들어봐야 상호 확인할 수 있습니다.

그리고 나서 당면한 문제점이 개선되면

피드백의 목적은 달성되는 겁니다.

성격이 급한 리더는 '열린 질문'이 아닌 '닫힌 질문',

'권유형 질문'을 하는 경우가 많습니다.

이는 질문이 아니고 단순 지시나 명령과 다르지 않습니다.

"○○자료가 누락된 것은 자꾸 ~~만 집중해서 분석하니까 그런 거지?"

"○○내용은 그래프를 빼야 하지 않겠어?"

"이 기술 용어는 사장님이 무슨 뜻인지 알 것 같아?"

사람은 스스로 느낄 때 바뀌는 법입니다.

실무자가 스스로 느끼고 생각하도록 이끌기 위해서는

최대한 '열린 질문'을 신경 쓰며 피드백하는 것을 권장합니다.

질문으로 생각하도록 유도하고 서로 대화해야

결국 뜻이 통하고 개선이 일어납니다.

'열린 질문'을 하고 의견을 주고 받으며 서로 공감대가 형성이 된다면

가장 마지막으로 Ask의 두 번째 의미인 '요청'을 합니다.

"그러니까… ~~는 ○○방향으로 수치를 보강해 줘."

"그러니까… 여기 문장은 좀 더 다듬어서 윤문으로 만들어 줘."

"그러니까… 이 도형은 가벼운 3줄 정도로 줄이면 좋겠어."

위의 샘플 멘트처럼 요청도 명확하게 해야 합니다.

"(알아서) 다시 하세요"보다는 "무엇을 어떤 식으로 변경해 줘"라는

구체성이 필요합니다.

다만 실무자의 숙련도가 일정 수준 이상이라면

매우 구체적인 행위를 지정하기보다는

개선하고 반영해야 하는 포인트를 중점으로

알려주는 것이 좋겠습니다.

지금까지 보고서 피드백의 최적 구조인 'F-T-A' 모델을

살펴보았습니다.

'F-T-A' 구조를 기반으로 작성된 피드백 예시 문구를

다음과 같이 소개합니다.

현실에 맞게 응용하여 활용해 보기를 권장합니다.

보고서 개선/보완의 대책 제시 멘트

F

다만… OO을 보면…   **T**

1. ~~의 개선이 필요해. **왜냐하면…**

2. ~~을 좀 더 신경써야 해. **왜냐하면…**

3. ~~을 표현은 ~~ 문제가 생겨. **한 가지 사례를 들면…**

4. ~~이 빠지면 ~~이 안 될 수 있어. **이로 인한 문제는…**

5. ~~는 ~~ 문제로 연결되더라구. **가장 큰 원인은…**

6. ~~을 보강/수정해야 해. **그 이유는…**

7. 추후 ~~을 집중적으로 고려해야 해. **그 이유는…**

A 혹시…?
그러니까 앞으로…

마인드에 대한
피드백

'보고서 작업을 맹목적으로 싫어하지 마세요'

"보고서를 어떻게 해야 잘 쓰는지 모르겠어요"와

"보고서 작업하는 것이 싫어요!"

이 두 가지 멘트는 완벽히 결이 다릅니다.

첫 번째 멘트는 '궁금함'과 '호기심',

두 번째 멘트는 '차단'과 '거부'를 나타냅니다.

'모르는 것'과 '알고 싶지 않은 것'에는 엄청난 차이가 있습니다.

모른다면 새롭게 학습하고 개선하면 되지만

알고 싶지 않아 하는 닫힌 마음이라면 세상의 모든 지혜는

쓸모가 없어집니다.

보고서 자체에 대한 거부감을 가지고 있는 실무자들도
간혹 있습니다.
보고서 작성이 아무런 의미 없는 요식 행위이고
시간 낭비라고 생각하면
보고서의 질적인 개선을 기대하기 어렵습니다.

"양질의 보고서를 써보고 싶다",
"좋은 보고서로 성과의 기틀을 만들고 싶다"와 같이
실무자 스스로의 의지가 있어야만 개선이 시작됩니다.

대개 보고서에 대한 거부감은 '실력 부족' 아닌 '오해'에 기인합니다.
이런 경우에는 개선을 요하는 'F-T-A' 피드백 구조보다는
차근차근 보고서 작업의 의미를 제시하는 설득의 대화가
더 의미 있습니다.

일반적으로 보고서에 대한 거부감을 가진 실무자들은
3가지 형태의 반감과 기피 현상을 보입니다.

"말로 하면 되지 뭘 자꾸 씁니까. 바빠 죽겠는데…."

"내용이 더 중요하지, 형식이 그리 중요한가요?"

"그러면… 팀장님이 어떻게 써야 할지 정해주세요. 그대로 써 올게요."

이럴 때 보고서의 의미를 받아들이고 마음을 열도록 유도하는
메시지는 다음과 같습니다.

거부감	설득 메시지
"말로 하면 되지 뭘 자꾸 씁니까. 바빠 죽겠는데…"	• 글로 쓰면서 스스로 논리가 생기고 빈틈을 찾아 메꾸게 됩니다. • 쓰는 데 드는 몇 배의 시간이 들지만.. 　잘 작성된 문서로 인한 소통의 속도와 정확성은 대체 불가합니다. • 기록되지 않은 것을 책임져 주는 사람은 없어요. 　기록되어 있어야 서로 확인하고, 결재를 받을 수 있고 　유관 부서에게 도움을 얻어낼 수 있어요.
"내용이 더 중요하지 형식이 뭐 그렇게 중요한가요?"	• 보고서는 그 조직의 소통과 업무 방식의 수준을 보여줍니다. 　(후진 보고서는 창피한 것임) • 완전 무결한 보고서를 원하는 것은 아니라 최소한의 형식을 지킨 　보고서를 원하는 겁니다. • 내가 아는 게 중요한 게 아니고, 남이 알도록 하는 게 중요해요. 　그러기 위해서는 보고서에는 기승전결이 갖춰져야 합니다. 　(문제-원인-방향-실행 등) • 누가 봐도 이해할 수 있도록 만드는 것이 중요합니다. 　예를 들어 신입사원이 보아도 바로 이해할 수 있어야 합니다. 　그래야 본인이 편합니다.
"팀장님이 어떻게 써야 할지 정해주세요. 그대로 써 올게요"	• 리더인 나도 기대하는 바가 있지만 　실무자의 현실적인 생각과 방향이 더 중요합니다. • 아마 쓰는 과정에서 더 생각이 정리될 거에요. 　(중요한 것, 우선순위, 걸림돌 등) • 실무자가 먼저 개요와 스케치 정도라도 먼저 작성해 보고 나서 　방향을 조율하면 좋겠어요.

만약 본인이 실무자로서 보고서에 대한 거부감을 가지고 있다면
리더 입장에서 전달하는 설득 메시지를
차분히 읽어보시기 바랍니다.

그리고 결재하는 리더라면
실무자가 가진 오해와 저항을 낮추기 위해
설득 메시지를 참고하여 대화해 보는 것을 권장합니다.

우리 모두가 월급 받고 회사 생활을 하는 사람이라면
눈 가리고 귀 막고서 보고서를 마냥 거부할 수는 없습니다.
잘못된 관점과 오해에서 비롯된 경우가 많으니
좀 더 의미를 부여하고 관점을 바로잡는 노력이 필요합니다.

메시지에 대한 피드백

'항상 상대 입장에서 접근하세요'

■ 자잘한 메시지, 실무자 중심의 디테일한 메시지

상황 설명	실무자만 알면 되는 세부 내용이 남발 미주알, 고주알 작은 것들의 향연
Fact	보고서에 중요한 내용은 적게 써 있고 중요하지 않고 세부적인 사항이 과도하게 많이 기록되어 있어요. 특히 '예상 비용'은 전체 소요 금액만 기록하면 되는데 디테일한 세부 금액까지 나열되는 것은 무의미한 정보에요.

Thought	**보고서는 '쓰고 싶은 말'이 아닌 '해야 하는 말'을 써야 해요.** 핵심이 아닌 내용이나 실무자만 알아도 되는 내용이 너무 많으면 읽는 사람이 지치고 혼란스러워요. 그리고 정작 중요한 내용이 자잘한 내용에 가려질 수도 있어요. 지금 작성된 보고서는 거의 실무자의 업무 체크리스트 수준이에요. **보고서는 작성자나 실무자 입장이 아닌** **보고서의 최종 고객인 의사 결정자나 이해 당사자 입장에서** **작성되어야 해요.** 입장을 바꿔서 생각하면 내가 알고 있는 것과 타인이 알아야 하는 것이 더 뚜렷해집니다. 예를 들어 '세부 비용 내역'은 본부장님이 몰라도 됩니다. 전체 총액 정도만 기록하고 세부 디테일은 별첨으로 돌리는 겁니다. 또한 협조를 요청하는 상황이라면 세부 운영 일정은 다른 부서가 몰라도 되지만 상대방에게 요청하는 사항만큼은 아주 구체적으로 써야 하겠지요. 이렇게 내가 아닌 타인을 염두에 두고 보고서 쓰는 것이 중요합니다. 늘 입장을 바꿔 생각하는 힘이 필요해요.
Ask	혹시 이렇게 작성한 이유가 있나요? 이 질문을 해보면서 메시지를 재정돈해 보세요 . **"결재자가 무엇을 알아야 나를 신뢰하고 도와줄까?"** **"이 보고서를 받아 든 상대방/고객/현장은 무엇을 알아야 이해할까?"** **"상대가 몰라도 되는 것은 무엇일까?"** 그래서 이 보고서에서는 ○○은 빼고, △△를 추가하는 것이 필요해요.

■ 무성찰, 팩트의 나열

상황 설명	실무진의 의견과 성찰이 없는 상태 경영진이 알아서 해석하고 판독해야 하는 팩트 나열
Fact	'작년 매출 실적 결과'와 '내년도 사업 계획 수립'에 대한 보고인데 실무자로서 가진 성찰이나 검토 의견이 없어요.
Thought	보고서는 사실적이어야 하지만 향후에 더 잘하기 위한 생각이 함께 담겨야 해요. 팩트만 기록하는 보고서는 외주 용역 보고서와 다르지 않지요. **진짜 가치 있는 메시지는 실무자가 뽑아낸 성찰과 분석입니다.** **팩트도 중요하지만 의견과 분석이 같이 있어야 빛을 발합니다.** 특히나 **우리 회사, 우리 사업에서 적용되는 특수한 적용점** **향후 우리 회사 전략에 연결되는 시사점** **지난 과제의 특별한 상황에서 접한 실무자의 회고** 이러한 메시지가 더 소중하고 의미가 있어요. **성찰과 분석, 의견 등을 신경 쓰면서 작성하는 습관을 통해** **상황을 바라보는 식견이 생깁니다.** 그 과정에서 실무자의 역량도 높아지고요. '왜 이런 건지', '앞으로 우리는 무엇을 하는 것이 좋은지'에 대한 실무자의 의견이 곁들어 있어야 팩트가 힘을 얻게 됩니다.

Ask	혹시 이렇게 작성한 이유가 있나요?
	○○수치 결과에 대해서는 그 결과가 나온 이면의 내용과 우리 ○○사업과 연결된 방향성을 기록하면 좋겠어요. 그리고 작년 사업 실적에 대해서도 미흡한 포인트와 잘했던 포인트를 뽑아내고 이를 내년도 전략에 연결하도록 변경해 주세요.

■ 방대한 내용, 과도한 메시지 폭탄

상황 설명	A부터 Z까지 모든 것을 다 담은 백과사전 "뭘 좋아할지 몰라 다 준비 해봤어!"
Fact	○○프로세스 개선에 대한 기획서인데 너무 많은 메시지가 존재하고 게다가 모두 자세하게 담겨있어요. 특히 실행 계획의 분량이 너무 많아요.
Thought	**중요한 내용은 많이, 덜 중요한 내용은 적게 쓰면서 보고서의 분량 조절을 해야해요.** 그래야 짧고 굵게 메시지를 전달할 수 있어요. 분량이 많고 방대 할수록 메시지가 가지는 힘이 약해집니다. **큰 과제를 다루는 기획서라도 해도 '메인 메이지 A4 5매 이내'라는 마지노선을 가질 필요가 있어요. 그래야 스스로 절제하면서 쓸 것 쓰고 버릴 것 버리게 됩니다.** 보고서는 한번에 끝나는 승부가 아닙니다. **차근차근 빌드업하면서 설득하는 겁니다.** 예를 들어 초반에 기획서로 '목적-방향-전략'을 먼저 승인 받고 나중에 실행이 임박하면 그때 품의(기안)로 디테일한 계획과 집행 비용을 언급하는 겁니다. 이렇게 분리해서 접근해야 보고서가 짧아지고 강해집니다. 즉, **Divide and Conquer(분할 정복) 전략을 써야 합니다.**

Ask	혹시 이렇게 작성한 이유가 있나요?
	○○개선의 '목적+방향+전략'의 연결성에 방점을 두면서 4페이지 이내로 줄여보세요. 그러기 위해서는 ○○실행 계획과 비용 계획을 가볍게 정리해야겠지요. 다만 세부 내역을 완전 삭제하라는 것이 아닙니다. 메인 페이지에는 개요만 기록하고 세부 내용은 별첨으로 빼주세요.

▣ 의미 없는 목적, 취지

상황 설명	거대 담론, 홍익인간형 목적 어거지형 목적, 환타지형 목적, 마냥 좋은 목적
Fact	외주 용역 직원들에게 명절 선물 지급하는 보고서의 목적으로 '비전2030 달성'을 언급하는 것은 너무 과한 표현이에요.
Thought	**현실과 동떨어진 너무 이상적인 목적을 쓰면 실행의 당위성이 흐려집니다.** 목적은 보고서 앞 단에 등장하여 모든 메시지의 베이스 캠프와 같은 역할을 합니다. "이 과제는 해도 좋고, 안 해도 문제 없다"는 느낌을 가진 거대담론식 목적은 과제의 필요성을 반감시킵니다. **우리 회사에 필요한 이유, 그것도 지금 필요한 이유가 뚜렷해야 좋은 목적입니다.** 그래서 목적은 실행보다 한 단계 정도만 높은 수준을 지정하는 것이 좋습니다. 이 실행을 통해 1~2년 이내에 만들어 내고자 하는 모습이 목적입니다.
Ask	혹시 이렇게 작성한 이유가 있나요? 실행이 일어나면 만들어지는 손에 잡히는 모습으로 목적을 다듬어 주세요. 이번 '외주 용역 직원들에게 명설 선물을 지급'하는 행위의 목적이라면 전 직원이 함께 어울리는 모습, 공장 생산 라인 몰입도 증대 등일 것 같아요.

● 배경, 목적, 목표의 혼동

상황 설명	배경 같은 목적, 목적 같은 목표 '배경, 목적, 목표'의 혼재
Fact	배경/취지 단락에 "~을 달성하겠다"는 목표가 기록되어 있어요.
Thought	배경, 목적, 목표는 느낌이 비슷하지만 다른 메시지이므로 이를 구분해서 작성할 필요가 있어요 **'배경'은 '필요 상황, 현상'**을 말해요. '○○의 부족/미흡' '현장의 요구', '경영진의 지시' 등이 대표적인 사례입니다. **'목적'은 '이루고자 하는 바, 의도, 지향점'**을 말해요. '○○의 달성', '○○의 변화', '○○의 가능' 이 대표적인 사례입니다. **'목표'는 '달성하고자, 시행하고자 하는 모습과 행동의 수준'**을 말해요. '○○회 수행', '~까지 완료'처럼 수치화된 지표에 가깝지요. **배경은 과거 또는 현재를 나타내고** **목적과 목표는 미래 시제를 나타냅니다.** 배경에서 목적을 지정하고 이를 기반으로 목표가 잡히는 거죠. 그리고 목적과 목표를 혼동하지도록 유의해야 합니다. **'목적'은 성과, 공헌, 변화에 가까운 것이고** **'목표'는 실적, 결과를 의미합니다.** 배경, 목적, 목표는 서로 구분되면서도 연결되어야 논리적 전개를 유지할 수 있어요.

Ask	혹시 이렇게 작성한 이유가 있나요?
	배경/목적/목표가 혼란스럽다면 **'현실→지향점→달성 수준'**으로 생각해 보면 좀더 쉬울 거에요. 배경에서 목적이 도출되고 그중에서 목표가 설정되는 겁니다. 이 세 가지를 연결된 메시지로 생각하면서 보고서를 작성하기 바래요.

■ 행복 회로

상황 설명	리스크 검토 없이 장밋빛 미래로 일관 "다 잘될 거니 믿어주세요" 하는 근거 없는 자신감
Fact	새로운 제도(상품 출시)를 언급하는 과정에서 리스크나 부작용이 누락되어 있어요.
Thought	보고서의 실행 계획은 **'장밋빛 희망'이 아니고 '현실적인 전망'이어야 해요.** **리스크를 숨기거나 과소 평가한 메시지는 오히려** **신뢰를 잃게 만들어요.** 발생 확률이 높은 리스크 몇 가지는 대비책과 함께 제시하는 것이 훨씬 더 현실적인 실행 계획이에요. 리스크를 숨겼다가 보고 장면에서 허점을 공격받으면 더 곤란해집니다. 결재하는 사람이 리스크를 알도록 해야만 좀 더 수월하게 진행할 수 있도록 돕는 서포터 역할을 유도할 수 있어요. **현실적인 리스크 검토가 오히려 실무자에게 안전 장치 역할을 합니다.**
Ask	혹시 이렇게 작성한 이유가 있나요? ○○를 실행할 때 **필연적이라고 생각하는 리스크 3가지 정도는 선정하고** **이에 대한 대비책을 추가해주세요.** 이번 건이라면 '고객의 이해 부족', '협업 문제', '예산 부족' 등의 문제가 있을 것 같은데 여기에 실무자의 의견을 더 추가해서 실행 계획을 보강해주세요.

논리에 대한 피드백

'구조와 연결의 힘을 믿으세요'

■ 무논리, 무대뽀형 보고서

상황 설명	무턱대고 "그냥 ~하겠다"는 깡패형 보고 "하라니까 한다"는 전제로 배경과 목적을 생략
Fact	보고서의 '배경'이나 '목적'에 대한 언급 없이 '~~을 진행하겠다'는 내용 위주로만 기록되어 있어요.
Thought	보고서는 회사와 타인을 위해 쓰는 이타적 행위에 가깝습니다. 즉, 내가 아는 것을 타인도 알게 하기 위해 논리적으로 기록하는 행위입니다. 위에서 내려온 업무라고 해도 그 배경이나 목적이나 지향점이 명시되어 있어야 나중에 진짜 성공한 업무인지를 추적할 수 있어요.

	목적/취지, 방향이 명확히 기록되어 있어야 나중에 우리 후배들이 '왜 이것을 하게 됐는지' 알 수 있어요. **보고서는 '소통하는 근거이자 확인하는 기록물'이거든요.** 필요하다면 보고서를 다른 부서의 협조를 얻기 위한 매개체로 써야 해요. 특히나 ○○진행을 위해서는 재무팀의 합의가 필요할 텐데 그러려면 **담당 실무자가 아닌 다른 팀 직원도 이 과제 개요를 충분히 알 수 있도록 기본 메시지를 갖춰야 합니다.**
Ask	혹시 이렇게 작성한 이유가 있나요?
	앞으로는 '배경/목적-방향-실행'이라는 기본 3단 뼈대를 지켜주세요. 이 보고서에는 과제가 필요한 이유와 현장 요청 사항, 실행의 방향이 먼저 제시되고 그 뒤로 구체적인 실행 계획이 기록되면 좋겠습니다.

● 논리의 비약, 논리의 누락

상황 설명	Why-What-How의 구조가 무너진 논리 What(방향과 목표)의 실종
Fact	'○○가 필요한 상황'을 제시하고 나서 바로 "~을 하겠다"는 실행으로 점프했어요.
Thought	보고서의 기본 논리는 'Why-What-How'로 전개되어야 해요. "~문제(도전 상황)가 있으니 ~하여 풀겠다"는 메시지는 논리가 미약해요. 이는 흡사 '불이 났으니, 물을 붓겠다'는 것과 같은 겁니다. 화재가 발생했다면 무엇이 화재의 핵심 원인인지, 무엇이 부족하거나 미흡해서 그런 것인지를 규명해야 효과적으로 화재 진압 방식, 규모, 시기를 정할 수 있겠지요? 따라서 새로운 시도, 문제의 회복이나 개선 등을 논리적으로 말할 때에는 항상 기본 골격인 'Why-What-How'를 유지해야 합니다. **보고서에서 Why가 빠지면 필요성과 명분이 약해지고 What이 빠지면 방향이 없는 무조건 실행을 강요하는 것이고 How가 빠지면 실행이 없는 거에요.** 이 세 가지는 보고서 메시지의 기본 구조예요. 필요에 따라서 일부 메시지의 비중 조절을 할 수 있지만 이 중 하나라도 생략되면 안 됩니다.

	혹시 이렇게 작성한 이유가 있어요?
Ask	○○가 필요한 상황(Why)에서 어떤 것을 중점으로 대응해야 하는지(What)를 도출하고 이후에 ~을 하겠다(How)는 연결을 완성해 주세요.

■ 문제 정렬 미흡

상황 설명	현상, 문제, 원인이 섞여있는 상태 사실과 의견의 짬뽕
Fact	문제점을 제기하는 단락에서 '현상'과 '문제'와 '원인'이 구분없이 혼란스럽게 섞여 있어요.
Thought	'현상-문제-원인'은 점점 수렴화(Narrow Down)되는 개념이어서 현상에서 원인으로 바로 넘어가는 것은 논리적 오류가 있는 겁니다. **'현상'은 '리얼한 현장 상황이나 상태'로** 해석과 의견이 없는 팩트로 작성되는 겁니다. **'문제'는 현상으로 인해 발생한** **'개선/보완/삭제되어야 하는 지점'입니다.** '현상'이 조직이나 고객에게 악영향을 미치는 점을 구체적으로 지목하는 것이죠. **'원인'은 문제의 근원이 무엇인지 분석한 '인사이트'에요.** **'현상'과 '문제'는 '사실'이지만,** **'원인'은 '해석'과 '의견'의 입니다.** 즉 '현상', '문제'는 일반적인 것이지만 '원인'은 우리 조직과 연결점입니다. **'현상'과 '문제'를 같이 쓸 수 있지만** **'원인'은 따로 구분하여 써야 해요.** 그리고 '원인(개선 포인트)'을 생략하는 경우도 많은데 '원인(개선 포인트)'을 지정해야 이후 실행 전략에 연결시킬 수 있어요.

Ask	혹시 이렇게 작성한 이유가 있나요?
	○○, △△ 사실이므로 '현상, 문제'이고 □□는 새롭게 추출한 '의견'이므로 '원인'입니다. 이렇게 사실과 의견은 구분하여 메시지를 기록해 주세요.

■ 방향성 없는 무분별한 실행

상황 설명	전략 없이 바로 실행으로 돌진 일단 "하면 된다"식 논리
Fact	○○을 새롭게 시도하는 기획서인데 방향이 누락되고 바로 "~을 하겠다"는 실행으로 점프했어요.
Thought	"~을 실행하는 것"은 단순한 행동이므로 메시지가 가볍고 일회성에 그칠 수 있습니다. **큰 내용을 담은 기획서에서는 '방향-과제'의 선결 조건이 뒷받침되어야 '실행'이 논리적 근거를 가질 수 있습니다.** **'방향'은 장기적인 목표를 달성하기 위해 설정된 전반적인 경로나 전략이에요.** 예를 들면 회사의 글로벌 시장 진출을 위한 방향 설정은 '해외 시장 확대'와 '현지화'가 될 수 있어요. **'과제'는 방향을 달성하기 위해 해결해야 할 업무 덩어리를 말합니다.** 예를 들면 글로벌 시장 진출의 과제는 1) 현지 파트너십 구축, 2) 상품 현지화, 3) 로컬 법적 규제 대응 등이 됩니다. **'실행'은 과제를 완수하고, 방향에서 설정된 목표를 이루기 위한 구체적인 행동을 말합니다.** 예를 들어 '현지 파트너십 구축'을 위한 실행 활동은 1) 현지 OEM 상품 도출, 2)계약 체결, 3)공동 마케팅 　등이 포함될 수 있습니다.

	기획서에는 '방향/전략/목표-과제-실행'의 연결이 있어야 합니다. 이 이중 일부가 누락되면 전체적인 맥락을 제공하지 못하기 때문에 보고서를 읽는 경영진이 실행 활동의 중요성과 의미를 파악하기 어려워져요.
	혹시 이렇게 작성한 이유가 있나요?
Ask	그래서, ○○가 실행되는 지향점으로는 □□, △△를 꼽을 수 있으니 이를 방향성으로 제시하는 단락을 앞쪽에 추가해 주세요.

■ 배치 순서의 오류

상황 설명	배치된 메시지 순서가 뒤죽박죽 문제 따로 해결 따로, 불만 따로 개선 따로...
Fact	문제점을 A, B, C 흐름으로 기술했는데 뒤쪽 실행 방안에서는 C, A, B 순서로 되어서 앞뒤가 안 맞아요.
Thought	보고서의 논리는 메시지의 '일관성'과 '상호 연결'을 말합니다. 메시지의 상호 연결에는 '물리적인 배치 순서'도 포함됩니다. 문제 vs. 해결, 위험 vs. 예방, 부족 vs. 보완과 같은 상응하는 단락 간에는 물리적 배치 순서를 지키는 것이 좋아요. 앞에서 나열된 메시지의 순서가 존재한다면 그에 대응하는 단락 내에서도 동일한 순서대로 배치해야 앞뒤가 맞습니다. 흐름을 타면서 막힘 없이 볼 수 있는 것도 좋은 보고서의 특징이에요. 앞쪽 메시지에 순서가 있다면 그에 상응하는 단락에도 동일한 순서를 유지해야 이해하기 쉽겠지요. 예를 들어 A문제를 A'로 해결하는 것, B문제를 B'로 해결하는 것, C문제를 C'로 해결하는 것과 같은 전후 연결 상태를 인식하도록 하려면 메시지가 배치된 순서도 동일하게 유지해야 합니다.
Ask	혹시 이렇게 작성한 이유가 있나요? 그래서, 지금 배치된 A, B ,C 메시지가 상응하도록 위치를 조정해 주세요.

표현에 대한 피드백

'정갈해야 전달됩니다'

■ 수치 부족, 구체 사항 표기 부족, 근거 자료 부족

상황 설명	근거 수치가 없어 매우 주관적인 표현 구체적인 팩트가 생략된 흐리멍텅한 문장들
Fact	'○○미흡', '○○부족' 가장 중요한 현상이나 문제를 언급하는 단락에서 구체적인 수치가 빠져 있군요.
	보고서의 메시지는 현장과 현실이 손에 잡히도록 표기되어야 해요. 실무자가 직접 확인했던 현재 우리 회사의 문제와 참상, 현장의 실제 모습이 구체적으로 기록되어야 진짜 생생한 보고서가 됩니다. 그래야 뒤쪽 실행 계획의 명분도 높아집니다.

Thought	보고서 표현의 생명은 '구체성'입니다. 구체성의 핵심은 '무엇이 얼마나'가 명확하게 전달되는 것이고, 그러려면 문장에는 '숫자'가 포함되어야 합니다. 읽는 사람으로 하여금 "얼마나?" 라는 의구심이 들지 않도록 수치가 바로 기록되어야 실상을 확인하고 상황 판단이 됩니다. 예를 들어 비용적 문제라면 "돈이 얼마나 필요한지" 품질 문제라면 "불량률이 얼마나 되는지" 매출 문제라면 "실적 하락이 전년 대비 얼마나 되는지"가 즉시 확인되도록 표기해야 합니다. 보고서 작성시에는 '돈, 시장/기술, 고객' 과 관련된 수치는 최대한 구체적이고 최신의 상태를 기록하려고 애써야 합니다.
Ask	혹시 이렇게 작성한 이유가 있나요? **"~가 문제이다"가 아닌 "~상태라서 ~가 문제이다"** **"~가 부족하다"가 아닌 "~가 ~만큼 부족하여 ~가 불가능하다"** 이렇게 구체적으로 메시지를 보강해 주세요. 그러니 ○○단락은 'VOC'와 '문제로 인한 발생 현상'을 수치로 추가해 주세요.

■ 긴 문장

상황 설명	너무 길어서 읽기 어려운 문장 읽으면서 숨 넘어가고 의미가 섞이는 세 줄짜리 문장
Fact	사용된 문장이 길어요. 한 문장이 3줄이 넘어가는 경우도 보입니다.
Thought	**문장은 최대한 짧아야 합니다.** **그래야 빠른 시간 내에 읽을 수 있고 메시지를 잘 전달할 수 있습니다.** **한 문장이 베스트이고** **두 줄까지는 허용할 수 있지만** **세 줄의 문장은 문제가 있는 겁니다.** 문장 하나에는 한 메시지만 있어야 합니다. 'One Sentence One Message'여야 해요. 몇 줄로 덩어리진 문장은 메시지 여러 가지가 섞여있다는 것이며, 그러면 내용이 혼재되어 논리가 떨어집니다. 문장이 길면 읽기 바빠져서 중요한 내용의 전달이 누락될 수 있어요. 읽으면서 경쾌한 문장이 좋으며 한 호흡으로 읽을 수 있는 문장이 좋습니다. **한 문장에 20~30글자 이내를 유지하는 것이 필요해요.**
Ask	혹시 이렇게 작성한 이유가 있나요? 그러니 이 문장은 ○○○, △△△, □□□ 의 메시지로 뜯어내서 각 문장을 불릿 포인트(Bullet Point)를 활용하여 개별 문장으로 쓰세요.

▣ 오타가 많은 문장

상황 설명	오탈자조차 확인하지 않는 상태 신뢰 박살나는 오타 잔치 "외않돼"
Fact	문서 전체적인 표현에 오탈자가 많이 보여요. 여기에 V 체크해 두었어요.
Thought	경영진 입장에서 보면 **보고서에 있는 논리의 오류나 비약은 소통하면서 조정할 수 있지만** **오타는 소통의 대상이 아닙니다.** 작은 것에도 신경을 썼다는 징표는 오타가 없는 상태부터 출발합니다. 오타가 여러 개 있다는 것은 보고서의 내용도 이미 별볼일없을 것이라는 전제를 만듭니다. 원래 안 좋게 보기 시작하면 다 불만스러운 법이지요. **특히 오타를 조심해야 할 때를 몇 가지 언급해 보면** **첫째, 우리 팀만의 내부 소통용이 아닌** **전사 공지용, 타팀 협의용, 고객 전달용에서 오타는 치명적입니다.** 보고서는 그 회사나 조직의 업무 수준을 보여주는 징표 같은 거에요. 오타가 많은 보고서가 여과없이 승인됐다는 것은 업무 수준이 높지 않다는 것을 그대로 보여줍니다. **둘째, 기술적 검토, 금전적 개선을 언급하는 주제의 보고서에서** **오타는 치명적입니다.** 완벽을 기하는 주제에서 오탈자나 수치 계산 오류는 신뢰를 하락시킵니다. 오타를 줄이는 제일 좋은 방법은 초안을 작성하고 나서 약간 시간을 두고 다시 읽어보되 '소리 내 읽어보면서 체크'하는 것입니다.

Ask	혹시 이런 상태가 된 이유가 있나요?
	눈으로만 보면 무심코 훑어보기 때문에 자세한 내용을 놓칠 수 있습니다. 문장을 소리 내 읽으면서 오타를 확인해 주세요. 그리고 중요한 문건이니만큼 출력해서 종이로 보면 더 적극적으로 오류나 오타를 확인할 수 있을 겁니다.

■ 드라이한 문장

상황 설명	조사가 너무 없어 뻑뻑한 문장 평가 개선 동시 진행 Vs. 평가와 개선을 동시에 진행함
Fact	쓰여진 문장에 조사가 너무 없어서 단어와 단어가 나열된 상태에요. 읽기도 불편해요.
Thought	조사는 문장에서 단어들 간의 관계를 나타내기 때문에 **기본 조사가 없으면 문장의 의미가 불명확해집니다.** 또한 조사가 없는 문장은 읽기 어렵고 자연스러운 흐름이 없기 때문에 읽을 때 상당한 피로감을 느끼게 하지요. 보고서의 문장은 '윤문'을 사용해야 해요. 즉 읽을 때 매끄러운 윤택한 문장을 말하는 겁니다. 그러려면 **단어와 단어 간의 뜻을 연결해 주는 조사를 남겨야 합니다.** **의미 없는 조사가 너무 많아도 문제이지만** **필요한 조사가 없는 것도 문제입니다.** 예를 들어 "프로젝트 성공 다양한 요인 검토"보다는 "프로젝트 성공에 필요한 다양한 요인을 검토함"의 문장이 더 읽기 편하고 의미 전달에 유리합니다. **주체(○○가), 목적(~을), 소유(~의), 대상(~에게), 장소(~에서)에** **해당하는 조사는 원활한 의미 전달을 위해 남길 필요가 있어요.** 문장의 속뜻인 내용이 중요하지만 겉포장인 읽힘도 중요합니다. 항상 문장이 매끄럽게 읽히는지 생각하세요.

	혹시 이렇게 작성한 이유가 있나요?
Ask	전체 문장의 구조를 보면서 꼭 필요하다고 생각하는 조사는 추가해서 윤문으로 개선해 주세요. 특히, 목적, 대상, 장소를 표기하는 조사가 사라지지 않도록 신경 써보세요.

◼ 편집이 없는 상태

상황 설명	텍스트 폭탄 텍스트 정글 속에서 길을 잃다!
Fact	쓰여진 문장들 사이에 기본적인 편집이 없어요. 들여쓰기도 없고, 단어도 잘려서 줄바꿈이 되어 있네요.
Thought	편집은 시간이 날 때 하는 일이 아니라 꼭 해야 하는 보고서 후반 작업이에요. 기본적인 정렬이나 맞춤도 없는 문장들은 보고서가 미완성이라는 느낌을 줍니다. **거칠고 투박한 표현은 보고서에 대한 신뢰를 50% 이상 줄입니다.** **독자 입장에서 편집의 문제는 '성의 부족'이라고 느낍니다.** **편집은 '역량'이 아니라 '성의'로 비춰질 수 있어요.** **편집은 고속도로 노면에 있는 유도선 같은 거에요.** **상대의 인식이 곁길로 새지 않도록 이끄는 장치입니다.** 기본적인 편집이 안 되어 있으면 마치 숲에서 길을 잃은 것처럼, 어디서부터 시작해야 할지 모를 정도로 혼란스러운 상태를 만듭니다. 메시지들 사이에 존재하는 위계나 관계를 더 부각시켜 상대가 메시지를 쉽게 볼 수 있도록 돕는 것이 편집입니다. **우리는 전문가가 아니라서 완전한 편집은 불가능해요.** **하지만 최소한의 편집 수준은 유지하여** **편집이 보고서의 본질을 위협하지 않도록 해야 합니다.**

	혹시 이렇게 작성한 이유가 있나요?
Ask	**시선의 흐름이 자연스럽고 시원한지 염두에 두며 편집 상태를 점검하세요. 특히 메시지의 정렬 상태를 눈여겨보세요.** 들여쓰기, 줄 간격 조정, 맥락을 유지한 줄바꿈(Line Break) 등을 신경 쓰세요. 그리고 표 내부에 있는 수치나 단어들의 정렬도 중요합니다. 편집 상태를 확인할 때에 좋은 방법은 '출력물(Printout)'로 보는 것입니다. 모니터에서 보는 것과 달리 출력해서 검토하면 더 철저하게 짚으면서 편집 상태를 확인할 수 있어요.

■ 중요 포인트 강조 없음

상황 설명	중요한 단어, 수치가 돋보이지 않는 표현 특정 항목 강조 따위는 없다! 다 중요하니 꼼꼼히 봐라!
Fact	이 단락에서 제일 중요한 단어는 ○○○인데 정확하게 강조되지 않아서 읽으면서 놓쳤어요. 그리고 △△수치가 의사 결정에서 제일 핵심인데 존재감 없이 묻혀 있으니 확인이 어려웠어요.
Thought	**중요한 단어와 수치는 강하게 표현되어야 해요.** **"이건 꼭 봐야 한다!", "이게 제일 다르다", "이 항목이 제일 중요하다"** **이렇게 확인이 필요한 내용은 분명하게 드러나야 해요.** 예를 들어 매출 실적 보고라면 제일 중요한 것은 '총합'이겠지요. 그리고 그중에도 제일 매출을 크게 견인한 상품은 강조해야 해요. 필요하다면 제일 변동이 큰 상품도 돋보이도록 처리하는 겁니다. 불량 원인 보고라면 불량률이 제일 높은 상품이 가장 중요하며 그 원인 중 비중이 큰 공정도 도드라지게 표현해야 합니다. **사실 보고서를 읽는 과정은 힘들고 지루해요.** **피곤한 일이죠.** **보기 쉽게 해주는 장치를 넣어서 잘 읽도록 도와야 합니다.** **중요한 항목의 강조 표현은** **하나씩 짚으면서 전진하도록 만드는 이정표 역할을 합니다.**

	혹시 이렇게 작성한 이유가 있나요?
Ask	각 단락마다 중요한 핵심 단어 2개 정도를 뽑아서 Bold 처리하고, 약간 글자 크기를 확대하여 부각해 주세요. 그래프에서도 제일 두드러지는 영역이나, 변화 포인트라고 여겨지는 수치가 확연히 보이도록 별도 표기해 주세요.

● 그래프, 도형의 남발 / 의미 없는 데코

상황 설명	도형, 이미지의 남발 그럴듯하게 예쁘장하면 잘 쓴 보고서라는 착각
Fact	사진이 과도하게 많아서 이 보고서는 '비즈니스 문서'라기보다는 '브로셔' 같아요. 그리고 불필요한 사진과 함께 도형까지 많아서 세부 내용을 유추해야만 해요.
Thought	도형 남발은 의미 전달을 방해합니다. **도형은 메시지의 역동을 구조화하여 표현하기에는 좋지만 가장 큰 단점은 정확성이 떨어지고 혼란스럽다는 점이에요.** 예를 들어 상품 개발 프로세스를 5단계 흐름의 도형으로 보여주면 서로 연결된다는 직관적 느낌은 주지만 각 단계의 세부 작업이 너무 압축되어 표기되면 구체성이 떨어져요. **"도형(1순위)+키워드(2순위)" 조합이 아닌 "짧은 문장(1순위)+도형(2순위)"의 조합이 최적입니다. 도형은 딱! 서포트 역할만 하면 됩니다. 없어도 된다는 거죠.** **보고서에 도형을 쓰는 것이 무조건 잘못된 것은 아니지만 텍스트를 포기하면서까지 도형을 선택할 필요는 없어요.** 또한 보고서에 이미지가 있으면 생생한 느낌을 줄 수 있지만 이것 역시 메시지 표현의 부속품입니다. 이미지는 현장이나 상품의 구체적 묘사가 필요할 때에만 의미를 가집니다.

Ask	혹시 이렇게 작성한 이유가 있나요?
	업무 추진 단계를 설명한 ○○도형은 4단계를 설명하는 구분된 문장으로 변경해도 좋겠어요. 그리고 ○○ 페이지의 이미지는 현장 사진만 남기고 나머지는 별첨으로 이동시켜도 의미 전달에 문제가 없어요.

우리는 완전무결한 보고서를 만들 수 없습니다.

지금 완전하다고 느껴지는 보고서도 시간이 지나 다시 보면

항상 부족한 점이 발견되기 마련입니다.

보고서에 완전함을 추구하면서 너무 스트레스 받지 마세요.

그렇다고 좋은 보고서에 대한 욕심을 버리라는 것은 아닙니다.

보고서를 검토하는 것은 여정입니다.

과정이고 순환입니다. 계속되는 것이지요.

그 과정을 즐기세요. 어긋난 길로만 안 가면 됩니다.

오류와 실수를 너무 두려워하지 마세요

누구나 실수합니다.

잘못된 점이 있으면 바꾸면 되는 것이고 다음 번에 유의하면 됩니다.

어제보다 나아지면 됩니다.

스티브 잡스가 스탠포드대학 졸업 연설에서 했던

유명한 말이 있지요.

"Stay hungry, Stay foolish."

'새로운 도전과 배움을 두려워하지 말라'는 의미입니다.

보고서 작성과 검토도 마찬가지입니다.

지금보다 더 좋아진 상태를 갈망하면서 끊임없이 도전하세요.

그리고 본인 스스로 보고서를 바라보는 철학을 만들어 가세요.

이 책은 보고서를 검토하는 기본기만 제시할 뿐입니다.

참고할 뿐 여기에 함몰되지 마세요.

현실의 게임은 여러분이 주인공입니다.

결국 자신만의 보고서 검토 전략을 찾아내고,

그것을 실행해 나가길 바랍니다.

나쁜 보고서를 그냥 방치하지 말고,

좀 더 나은 보고서를 갈망해 보세요.

Stay hungry, Stay foolish! 그리고 화이팅!

보고서 검토 전략

초판 1쇄 발행 2025년 4월 18일

지은이 박혁종

책임편집 공홍 **편집** 윤소연
마케팅 임동건 **경영지원** 이지원

펴낸곳 플랜비디자인 **펴낸이** 최익성

출판등록 제2016-000001호
주소 경기도 화성시 동탄첨단산업1로 27 동탄IX타워 A동 3210호

전화 031-8050-0508
팩스 02-2179-8994
이메일 planbdesigncompany@gmail.com

ISBN 979-11-6832-166-3 (03320)

• 이 책은 저작권법에 따라 보호받는 저작물이므로 무단 전재와 무단 복제를 금지하며,
  이 책의 내용을 전부 또는 일부를 이용하려면 반드시 저작권자와 플랜비디자인의
  서면 동의를 받아야 합니다.
• 잘못된 책은 구매처에 요청하면 교환해 드립니다.
• 책값은 뒤표지에 있습니다.